Les enseignements secrets de la Gnose

Georges-Albert Puyou de Pouvourville (Matgioi)

Léon Champrenaud (Téophane)

— 1907 —

COPYRIGHT

Copyright © 2024, Georges-Albert Puyou de Pouvourville (Matgioi) et Léon Champrenaud (Téophane)
Édition : BoD – Books on Demand, info@bod.fr
Impression : BoD – Books on Demand,
In de Tarpen 42, Norderstedt (Allemagne)
Impression à la demande
ISBN : 978-2-3225-4349-6
Dépôt légal : septembre 2019

IMPRIMATUR

Vous avez, mes très chers et très vaillants Coopérateurs, avec un zèle apostolique qui m'emplit toute l'âme d'une douce joie, retrempé notre chère Gnose aux sources orientales, qui sont sa véritable origine, et, par ainsi, complété Valentin par Wen-Wang et commenté les divins mystères du Tau par les enseignements sacrés du Tao.

Grâce à votre labeur, se parachève l'œuvre jadis commencée par S. G. Valentin II et continuée par S. G. Sophronius, et la radieuse unité gnostique s'affirme enfin en pleine beauté et en souveraine grandeur.

Vous avez victorieusement combattu ces déplorables tendances vers l'individualisme qui sont la perdition de toutes les églises comme de tous les états. Vous avez longuement, pieusement, dévotement médité dans la pénombre de l'opisthodome, sans demander d'autre récompense que celle qui vient de la conscience, et vous livrez maintenant aux Parfaites et aux Parfaits ces pages rayonnantes de la Lumière de vérité, sans les signer autrement que de vos noms mystiques, qui sont et qui demeureront à jamais un secret pour les agnostes.

Je déplore amèrement tous ces essais de restauration ecclésiale, quels que soient leur nom ou leur credo, qui semblent n'avoir eu pour principal objectif que de faire du bruit autour de personnalités altérées de réclame. Le théorbe et les cymbales sont faits pour s'unir aux voix pieuses qui, dans le temple, célèbrent la gloire du divin PLÉRÔME, et non pour porter aux échos de l'avenir l'état civil d'une individualité !

Çà et là vous avez, sur les choses qui ne doivent pas être dites ouvertement aux foules – *panis non mittendus canibus* – laissé flotter à dessein un voile demi-opaque, demi-transparent, qui ne saurait être levé que dans les profondeurs de l'Adytus initiatique, où s'enseigne ce que le grand Plotin appelle τὸ βάθος τῆς νοητῆς οὐσίας.

Et je vous en congratule sans réserve.

Il est digne, juste et salutaire, au moment où s'accomplit cette agonie des anciens dieux, pleine d'infinie tristesse, dont parle Anatole France, où s'effondre, dans la poussière du chemin, l'échafaudage vermoulu des doctrines individualistes et des religions jéhovistes, où l'athéisme tente d'instaurer sur leurs ruines sa sinistre désolation plus affreuse encore que l'enfer de la théologie, il est digne, juste et salutaire de crier urbi et orbi qu'il est une tradition qui ne saurait mourir, à qui d'ailleurs toutes celles qui ont vécu jusqu'à présent ont emprunté leurs éléments de vitalité, et que cette tradition s'appelle la sainte Gnose.

Je termine, très chers et très vaillants Coopérateurs, en confirmant en cette page l'IMPRIMATUR que je vous ai depuis longtemps donné de la voix et du cœur.

Écrit en notre tente apostolique de Montségur, le XIVe jour du XIIe mois de la XVIIe année de la restauration de la Gnose.

SYNÉSIUS,

Patriarche de l'Église Gnostique de France.

AVERTISSEMENT

On sait ce que fut, dans la suite des temps, l'enseignement gnostique. On sait aussi comment après un silence et un recueillement prolongés, les gnostiques, vers 1880, ont recommencé à agir et à se réunir. Mais la rénovation d'un enseignement, comme l'enseignement gnostique, qui comprend une doctrine, une liturgie, un rite, une esthétique, ne peut se faire que par la reconstitution de sa philosophie traditionnelle.

De sérieux efforts ont, depuis longtemps, été faits en ce sens. Et, après plusieurs années d'un travail assidu, auquel coopérèrent les meilleurs esprits, l'enseignement gnostique se trouve aujourd'hui complet et reconstitué. Sous une forme malléable, et qui s'accommode aux temps présents et à l'évolution des tendances générales de l'humanité, cet enseignement est issu de la source traditionnelle la plus pure et la plus ancienne ; et l'on peut considérer qu'il est le résumé fidèle de tout ce qui a été découvert et indiqué par les maîtres gnostiques de toutes les époques.

Nous présentons ici les bases de cet enseignement. Nous précisons tout d'abord qu'elles ne renferment rien de secret au sens littéral du mot, mais que cet enseignement a un sens occulte complet, que comprendront seuls ceux qui s'attacheront profondément aux études gnostiques. Ainsi, les travaux qui suivent sont nécessaires pour entrer dans la compréhension des symboles et dans l'intellection des arcanes.

Nous précisons aussi que l'enseignement de la Gnose, tel qu'il est présenté ici, est revêtu d'un caractère officiel, et que tous ceux qui désirent faire partie des centres initiatiques gnostiques devront justifier de la connaissance des matières que nous traitons ici. Ce n'est que par la suite qu'ils seront admis à l'étude des choses qui ne s'écrivent point, et pour lesquelles les choses que nous écrivons sont une introduction indispensable.

S.T

Chapitre I
Les Ténèbres Extérieures

La Gnose est, au premier chef, une doctrine traditionnelle et d'éléments constitutifs cosmogoniques et métaphysiques. Mais elle est aussi une doctrine pratique, en ce sens qu'elle veut influencer les hommes, et les guider vers ce qu'elle sait être leur but final et excellent, à travers des transformations multiples. C'est pourquoi, sans rien négliger de la hauteur de ses conceptions, la Gnose saisit l'homme, non pas dans son origine lointaine et ignorée, ni dans la source de sa personnalité ; mais elle le prend tel qu'il est aujourd'hui, c'est-à-dire dans l'état d'ignorance relative et de diminution générale, où nous le présentent ses passions et l'hérédité de nombreuses générations.

En cet état, l'homme nous apparaît dans les « *ténèbres extérieures* » des Évangiles, et séparé, par ces ténèbres mêmes, de son origine et de sa fin, qui est Dieu. Le but immédiat du présent enseignement est d'éclaircir ces ténèbres, et de guider l'homme vers la lumière, « qui est Dieu même, en lequel il n'y a point de ténèbres ». (Jean, ép. I$_{re}$, § 5.)

Et d'abord, que sont ces ténèbres extérieures ? Au point de vue cosmogonique, c'est le chaos informe qui suit la création non organisée, et le symbolisme initiatique le représente par la pierre brute[1]. Au point de vue métaphysique, c'est l'impuissance de l'action par ignorance de l'Activité, ou Cause Première ; et le symbolisme initiatique la représente par la couleur noire. Pour l'humanité, c'est l'inconscience même de l'agnosticisme, et le symbolisme en est un flambeau tourné en sens inverse. Pour l'individu, c'est son état particulier avant qu'il ait pu avoir l'idée de rechercher la lumière, et, dans le symbolisme, cet état correspond à la Nudité.

Le Chaos cosmique est l'ensemble des diversités formelles en puissance, et l'état de la matière susceptible de la limite, mais avant qu'elle en soit bornée. Le noir, ou manque de couleur, correspond au chaos, ou manque de formes. La pierre brute, qui est considérée comme informelle parce qu'elle n'a point de dimensions régulières et mathématiques, devient, aussitôt que l'ouvrier la considère, l'occasion et le lieu du travail futur.

Le chaos intellectuel ou humain est l'ensemble obscur des notions inertes, et l'état des perceptions sentimentales, dû à l'influence des contingences extérieures, avant que les passions individuelles l'aient précisé dans chaque homme. Il est donc évident que l'aspirant gnostique, pour échapper à ce chaos, doit « dépouiller le vieil homme ». Et sa nudité, qui est considérée comme l'image de sa vacuité intellectuelle, devient, aussitôt qu'il aspire à la vérité, l'occasion et le lieu du vêtement de lumière que tisseront ses propres efforts.

Cet état chaotique, au plan cosmique comme au plan humain, une fois existant, existerait toujours, si la conscience obscure de la présence de la Divinité, qui est une Activité éternelle, n'eût tendu à faire évoluer toutes choses hors de leur chaos.

Où fut prise cette conscience ? Écoutons la Genèse : « Aux premiers jours, la terre était informe et nue, et l'Esprit se mouvait sur les eaux. » La terre informe et nue est précisément le chaos dont les éléments inorganisés sont incapables de toute compréhension, et a fortiori de celle de l'Esprit. C'est pourquoi l'Esprit ne se meut pas dans le chaos ; il se meut au-dessus des eaux, c'est-à-dire au-dessus d'un plan de réflexion, agissant à la façon d'un miroir, sur lequel l'image renversée du mouvement de l'esprit se révèle au chaos. — Cette révélation produit immédiatement le Fiat Lux.

Dans le chaos cosmique, le Fiat Lux se traduit par la vibration lumineuse capable de déterminer les formes.

Dans le chaos humain, le Fiat Lux se traduit par la vibration sentimentale capable d'engendrer le désir de sortir de l'agnosticisme.

Cette action vibratoire se symbolise, dans la gnose rituelle, par la Lanterne sourde, dont l'unique rayon, encore caché à la vision directe de l'homme, ne se révèle à lui que par la lumière réfléchie sur les choses extérieures : et c'est ainsi que le chaos est, pour la première fois, pénétré par la Lumière.

L'action réflexe du miroir des eaux a donc projeté sur la matière et dans les êtres un Rayon Céleste, lequel s'y trouve en quelque sorte emprisonné, puisqu'il est indispensable à l'organisation de l'Univers. Tous les efforts des parfaits doivent donc tendre, en se sublimisant eux-mêmes, à délivrer ce Rayon Céleste, et à le restituer au foyer divin dont il est sorti. — C'est d'ailleurs ce Rayon Céleste qui constitue l'élément supérieur non incarné de l'homme, et lui sert de guide à travers les phases de l'évolution universelle. Ainsi il conduit les êtres vers leur fin, et il les aide dans le travail de sa propre délivrance.

Une excellente parabole de la valeur et de l'utilisation du Rayon a été faite par lord Byron dans le mythe de la caverne de Childe-Harold. Le héros, ayant au poing la Lumière divine, qui s'émeut et paraît s'éteindre à tous les vents qui font rage dans la caverne — c'est-à-dire qui s'atténue sous la fureur des passions humaines, maîtresses de Childe-Harold — sait qu'il ne la possède que pour une certaine durée, — c'est-à-dire que pour le temps de la vie humaine. À travers mille détours, il pénètre au fond du labyrinthe, dans la sombre impasse où il doit choisir lui-même, entre trois urnes, celle qui contient son destin. Quand il atteint enfin le but, la lumière vacillante, consumée par sa propre faute avant l'heure prescrite, s'éteint, et le laisse dans les ténèbres. De ses mains tremblantes et désormais aveugles, il choisit au hasard ; il se trompe, et meurt dans un héroïque et court désespoir.

Ainsi, porteur du divin flambeau, se heurtant aux contingences, aux embûches de l'extérieur et à ses propres passions, l'homme dilapide, en s'amusant sur la route, le trésor de lumière qui temporairement lui fut confié. Et, quand il lui faut s'en servir, au moment fatal du choix de la connaissance, il s'aperçoit que le flambeau s'éteint, ou plutôt[2] que ses yeux, obscurcis par ses volontaires erreurs et ses vaines sentimentalités, ne sont plus capables d'en soutenir l'éclat. Lui aussi, il choisit au hasard, et passe peut-être à côté de son destin.

Retenons donc que le Rayon Céleste peut nous conduire à notre fin, mais qu'il ne nous y conduira certainement que si nous le voulons d'une volonté ferme. Et connaissons ainsi que nous sont dictés les moyens de notre ascèse et de notre libération.

Quels sont les moyens de cette ascèse ? Nous pouvons les déterminer grâce à la lueur, indécise et trouble, mais de source divine, que produit, dans le chaos humain, la réflexion du Rayon Céleste à travers le miroir des Eaux. Le chaos humain comporte, — puisque l'être humain est ainsi fait — un plasma intellectuel et un plasma sentimental : ces plasmas, emprisonnés dans la matière chaotique originaire, forment bien avec elle les éléments du composé ternaire humain.

La réflexion du Rayon Céleste, frappant le plasma intellectuel, produit une vibration de même ordre, qui est la vibration volontaire; frappant le plasma sentimental, elle produit aussi une vibration de même ordre, qui est la vibration de désir. — Or, d'après leur nature et la position respective de leurs plans, le désir s'applique à où la volonté le pousse ; c'est ainsi que la vibration de volonté est le propre des êtres actifs, et que la vibration de désir est le propre des êtres passifs.

La volonté et le désir, voilà les moyens d'ascèse mis à la disposition des êtres ; et ils sont provoqués chez eux, et la connaissance leur en est révélée par le Rayon Céleste, dont cette ascèse doit hâter la réintégration.

Ces moyens étant déterminés, il faut, par une étude continue, les porter à leur maximum d'intensité et de développement. La gymnastique intellectuelle de la volonté doit la rendre à la fois énergique, souple et indépendante de toutes les influences extérieures à l'individu. L'énergie sera obtenue par la répétition fréquente et soutenue des mêmes actes ; la souplesse, par l'application de la volonté aux actes les plus divers ; l'indépendance, par l'exercice de la volonté au milieu de toutes les circonstances extérieures. De plus, il ne faut se laisser aller à aucun acte impulsif, irréfléchi ou habituel, et il faut faire une perpétuelle attention au mécanisme mental et à la direction de ses opérations.

Le contrôle de la puissance de la volonté s'exerce par son application à des buts déterminés. La multiplication des forces de la volonté se fait par une rétraction réfléchie, et par une sorte d'*emmagasinement* de ces forces dans une chambre de condensation intellectuelle.

Ces exercices faits et leurs résultats contrôlés, l'être actif est en pleine possession de la volonté, et il peut l'employer comme moyen d'ascèse.

La gymnastique sentimentale du désir doit le rendre à la fois fervent, expansif et universel. La ferveur sera obtenue par la faculté d'attirance dirigée fréquemment vers les mêmes buts ; l'expansion, par la faculté de pénétration appliquée étroitement à ces buts ; l'universalité, par la faculté d'affection étendue à l'Essence de toutes choses. Il faut faire une perpétuelle attention au mécanisme sentimental et à la valeur de ses mouvements.

Le contrôle du désir s'exerce par le plein assentiment du cœur. La multiplication des aspirations du désir se fait par une expansion intuitive et par une sorte de saturation, par ces aspirations, de l'atmosphère universelle.

Ces exercices achevés et leurs résultats contrôlés, l'être passif est en pleine possession de son désir, et il peut l'employer dès lors comme moyen d'ascèse.

Il faut préciser que chaque individu doit d'abord étudier son état sentimental et son état intellectuel, et que lui seul est capable, non seulement de choisir son moyen d'ascèse, mais de graduer les exercices et de les contrôler, de façon à obtenir la plus forte volonté ou le plus parfait désir dont son tempérament particulier soit capable. C'est ici la première application de ce principe, que l'on n'arrive à la science et à l'initiation complètes que par le labeur personnel.

L'être, actif ou passif, est dès lors en pleine possession de ses moyens d'ascèse. C'est cet état qui constitue le psycholone ; la valeur en est déterminée, dans chaque individu, par la résultante de ses efforts personnels : sa destination est, comme le fil d'Ariane, de le guider sur la route de l'ascèse. La nuée mosaïste est la parfaite image du psycholone : en effet, elle représentait la condensation de l'influx divin sur le peuple hébreu : cette colonne, mobile et visible, était le guide que suscite la volonté, et la lumière qu'engendre le désir. (Il ne faudrait pas cependant confondre le psycholone avec aucune des auras provenant d'influx nerveux.)

La Nuée dans le Désert était donc véritablement une Force, somme exacte de l'ardeur de toute la foi et de la tension de tout l'espoir populaires. Elle était par cela même préservatrice par sa puissance vis-à-vis des éléments et contre les obstacles de l'exode. — Au même titre que la Nuée, le psycholone individuel fait évoluer mécaniquement les sous-multiples de chaque être, et par ce fait l'Homme collectif devient le mécanisme de l'ascèse universelle. Par l'action du psycholone humain, la sensation évolue en perception, la perception en sentiment, le sentiment en concept ; et le rôle de l'homme ne semble véritablement élevé que parce qu'il est le chemin par où la cellule matérielle marche à l'idée.

Quels sont donc les obstacles à l'ascèse contre lesquels sont nécessaires la volonté et le désir humains, portés, par l'étude et l'exercice, à leur maximum d'intensité ?

Par une tradition bien personnelle, la Gnose enseigne que des embûches sont cachées sous les dehors amicaux et séduisants des extériorités qui nous entourent, et que les charmes de la nature sont les vêtements brillants et trompeurs dont se déguisent les obstacles intelligents opposés à nos destinées.

Ces propositions ne peuvent s'éclairer que par les théories de l'Être, des êtres et de la Création.

Au commencement est le Vide, que la tradition gnostique nomme Kénôme. Le Vide est l'identification de l'Être et du Non-Être dans la Puissance d'Être. La caractéristique métaphysique de la Puissance d'Être est d'être l'Être parce qu'elle peut, et d'être aussi le Non-Être, parce qu'elle n'utilise pas sa possibilité.

L'Être et le Non-Être, ainsi identifiés dans le Kénôme, tel est notre premier concept ternaire[2]. Nous l'appelons le Vide, parce que rien de cette Puissance d'Être ne vient émouvoir l'un des plans de notre humanité.

Mais cette Puissance d'Être, qui est pour nous le Vide, est, en réalité et pour soi, la Plénitude et la Perfection absolues.

En effet, la puissance d'Être renferme toutes les possibilités à l'état parfait, celle d'Être et celle de Non-Être. Car elle est le Non-Être, et elle peut être l'Être, par seule affirmation de son état de Puissance. — Si nous supposons cette affirmation posée, l'Être remplit le Kénôme ; mais l'Être a cessé d'être et de pouvoir être le Non- Être ; et il a ainsi renoncé à la totalité de ses possibilités.

Il faut donc préciser que l'état de Non-Être est supérieur à l'état d'Être, malgré l'insuffisance des termes, et malgré surtout la médiocrité de l'intelligence humaine, laquelle croit l'Être supérieur au Non-Être, uniquement parce qu'elle prête à l'Être une existence ressemblant à ce que nous appelons la Vie, et qu'ainsi elle pense mieux le comprendre.

L'Être, qui est le Non-Être volontaire, et identique à lui, est à la fois le centre et la résultante de toutes les Puissances d'être ; il est donc la Puissance unique, universelle, infinie, absolue. Il est l'Un, l'abîme insondable (Bythos) ; ne pouvant se déterminer ni s'exprimer par des mots, il est le Grand Ineffable.

La volonté d'être du Grand Ineffable manifeste hors de lui l'Émanation, et, de même que la lumière blanche, émise contre un prisme, détermine des faisceaux épars de couleurs diverses, l'émanation, émise dans le Kénôme, détermine des conséquences de valeurs différentes, qui constituent la série des créations tangibles. — Et de même que les faisceaux épars d'une même lumière doivent leurs colorations différentes aux angles prismatiques qui les décomposent, les créations tangibles, émises dans le Kénôme, doivent leurs formes et leur nombre à la réfraction multiple du Rayon Céleste, réfraction dont les angles représentent l'intervention des forces parcellaires, dont la Somme s'appelle le Démiurge. — Donc, on ne peut dire que le Parfait a créé l'imparfait ; l'imparfait n'a pas été créé, n'existant pas en soi : l'imparfait est la vision réfractée que nous avons du Parfait.

La parcelle unitaire du Rayon Céleste ainsi réfracté, et soumise aux forces du Démiurge, est ce que nous appelons la monade. La somme illimitée de ces monades constitue l'indéfini, ou seule idée précise — mais inexacte — que nous avons de l'infini, ou infini mathématique. La monade est le plasma le plus infime destiné à être évertué: la diversité monadique fait[4] que chaque monade, sons un même effort évolutif, évolue diversement ; et c'est ainsi que, en considérant un même moment, le mouvement ascensionnel des monades s'opère sur tous les cycles de la création. L'entité humaine fait partie de ce mouvement ; et chaque entité qui n'a point encore conscience de la perfectibilité de son mouvement et de la perfection de son but, se trouve dans les Ténèbres extérieures. C'est ainsi qu'il faut entendre le terme de créations sérielles.

Cette série de créations doit être traversée par chaque monade en évolution pour atteindre le but final : autrement dit, dans toutes les créations sérielles, le Rayon Céleste doit être délivré, par des moyens adéquats aux créatures de chaque série. En conséquence, l'homme, à son degré d'évolution, a son destin de libération, et les moyens nécessaires pour y parvenir. C'est en utilisant ces moyens qu'il sort des Ténèbres extérieures.

Ainsi l'homme reçoit, en même temps que l'existence, la possibilité du désir et de la volonté. Le désir, élément de principe féminin, meut l'homme, d'une façon aveugle et massive, vers les extériorités dont les vibrations l'enchantent. Si le penchant se satisfait pleinement dans les choses de la nature, le désir n'est plus qu'un appétit, qui disparaît dans la possession immédiate des choses et qu'un attract inférieur, au service des œuvres du Démiurge. En ce cas, l'Univers ne renferme que des matières informes et désagrégées, qui attendent vainement, sous une apparence de vie, le souffle de vie véritable, et qui ne sont que le *caput mortuum* d'une réalisation inférieure, incapable de son destin. En symbolisme, c'est la coupe, ou matrice originelle, remplie de cendres amorphes, image de la mort matérielle.

Si, au contraire, le désir, comme il est dans sa loi, passe au-dessus des choses de la nature, il revient, au lieu d'être enrobé par les forces naturelles, vers l'esprit humain qui l'émana ; et cet effet réactif détermine sur l'esprit le choc qui engendre la faculté volitive, de principe masculin. Telle est l'œuvre que symbolisent le marteau (désir) et le ciseau (volonté).

La volonté est donc d'autant plus forte que le désir fut plus ardent. La volonté va pouvoir s'employer à la sublimation de ces forces naturelles, qui n'ont pas pu s'employer à l'absorption du désir. Cette puissance sur la direction des forces, cette faculté de sublimation de leurs éléments, sont, dans l'esprit humain, la preuve de l'œuvre du Rayon Céleste qui y est inclus, et qui veut sa libération, non seulement dans l'esprit, mais dans toutes choses. C'est pourquoi, sous son influence, l'esprit humain tend à diriger et à sublimer les forces de la nature. Au degré de sublimation qui convient, les forces de la nature ne peuvent plus, et d'ailleurs ne veulent plus retenir le Rayon Céleste, qui remonte à son foyer ; et il y entraîne avec lui l'esprit humain, qui est à la fois la cause seconde et le premier bénéficiaire de la libération.

La matière et les moyens de ces opérations se symbolisent parfaitement par la pierre brute transmuée en pierre taillée, à l'aide du marteau et du ciseau. La pierre brute ou chaos humain (comme nous l'avons dit plus haut) est soumise à l'action du marteau (désir) et du ciseau (volonté). Le marteau représente, en effet, la force inconsciente massive que l'esprit doit distribuer aux points où l'effort est nécessaire. Le ciseau représente la force organisatrice que l'esprit doit appliquer aux points où la précision est nécessaire (dans le sens de détermination formelle et d'éducation). Remarquons que le symbole est d'autant plus parfait que le ciseau ne taille que sous le choc du marteau.

Les actions du marteau et du ciseau sont organisées par des lois, qui sont les lois simples et directrices de l'esprit humain. Le symbolisme de ces lois consiste dans la règle, le compas, l'équerre. La règle est le prototype de la ligne (invisible et intangible). Le compas est le prototype de l'angle (visible et intangible). L'équerre est le prototype de la surface (triangle : visible et tangible). Ce sont les éléments constructeurs des volumes, et les générateurs de la pierre taillée.

Quelle est la forme de la pierre taillée, premier produit du travail humain ? C'est forcément la forme la plus simple, par conséquent la plus harmonieuse : c'est celle dont tous les éléments sont égaux entre eux et semblablement disposés. C'est le cube, élément base de toute architecture, première forme des pierres sacrées[5], symbole parfait, par ses trois dimensions égales, de tous les dogmes trinitaires. — La simplicité et l'égalité des éléments du cube, voilà la raison : la similitude et l'harmonie de ces éléments, voilà la beauté. C'est donc ici, la première manifestation de l'Esthétique Abstrait qui est fait de raison et de beauté.

Armé de volonté et de désir, influencé par le Rayon Céleste, conscient de son origine, de son destin et des obstacles qui s'y opposent, l'homme est prêt à s'élever au-dessus des Ténèbres extérieures. Dès lors, nous le considérons comme entrant dans la période ascensionnelle. Cette période ascensionnelle a son image dans l'étoile flamboyante où l'homme est inscrit: le schéma de sa position, les bras en sustentation, indique l'élévation pneumatique dans l'aura lumineuse qui l'enveloppe et qui l'accompagne ; cette aura est la manifestation visible du Désir et de la Volonté, excités par le Rayon Céleste présent ; elle conduira l'homme au but divin, comme la nuée moïsiaque conduisit les Hébreux au pays de Chanaan. Et il va ainsi vers l'Idéal Suprême, à travers les idéals relatifs qu'engendrent les ascèses successives de ses aspirations.

Ainsi la destinée humaine se déroule sous un lumineux ternaire. Au commencement, l'homme naît sous la réfraction du Rayon Céleste, que le Fiat Lux fit pénétrer dans son chaos. Il grandit et se meut dans la nuée déterminée par le passage du Rayon dans le prisme de son esprit, générateur de son désir et de sa volonté ; et il monte vers le Plérôme, où il a mis son idéal, dans le ciel où se trouve ainsi portée l'Étoile de son Destin.

Chapitre II
La vie universelle et le monde pneumatique

L'étude des conditions où l'homme se trouve, au milieu des ténèbres extérieures, conduit à une détermination de son état contingent actuel. L'étude des moyens qui sont à la disposition de chaque individu, d'après ses facultés de désir et de volonté, détermine l'individu-type, ou idéal, dont la réalisation est nécessaire pour conduire l'individu à sa fin, c'est-à-dire hors et au-dessus de lui-même.

Nous sommes en possession de ces données; nous avons montré les conséquences personnelles de l'ascèse, et nous avons porté l'individu en période ascensionnelle jusqu'au bord de cet océan de vie où les personnalités se confondent sans se détruire, et forment, par leur totalisation, l'unité collective et de qualité parfaite.

Saisissons donc, sur l'échelon nouveau que nous gravissons dans l'enseignement gnostique, la théorie de cet « homme collectif » et les avantages que la connaissance logique de ces vérités profondes peut apporter à notre état présent, médiocre et perfectible.

Le système des relativités qui forme le plan d'évolution de l'homme collectif porte, en Gnose, le nom d'Univers hylique.

Disons ici, et une fois pour toutes, que nous parlons un langage philosophique et didactique où les termes que nous employons, faute d'autres termes que notre langue, moins riche et nébuleuse en ceci que l'allemand, ne nous offre pas, ne doivent pas être compris dans le sens matériel et concret qui leur est attribué à l'ordinaire. L'univers hylique n'est pas nécessairement un composé exclusif de matières visibles et tangibles ; il n'est pas situé. Il n'appelle ni la notion de formes ni la notion de lieu. L'anthropomorphisme, qui a défiguré les religions occidentales, d'une sorte sans doute irrémédiable, ne doit pas reparaître ici, même sous l'aspect plus général et synthétique de formules astronomiques, de signes mathématiques ou de dimensions géométriques. L'univers dont nous parlons est un ensemble de conditions ; le lieu dont nous parlons est un état. C'est, en toute vérité, un lieu métaphysique pourvu de conditions qualitatives et dénué de conditions quantitatives, analogue

— en tenant compte de la différence des, plans considérés — à ce qu'on appelle lieu géométrique, dont la conception est nécessairement en dehors de l'espace.

Dans la Voie Gnostique, l'existence de l'Univers Hylique s'explique par le mythe d'Athamas. — Athamas, fonction sensible et intégrante du Plérôme, s'en dissocie par un acte de volonté réfléchie ; cet acte crée médiatement tout ce qui est extérieur au Plérôme, et Athamas apparaît à cet extérieur comme le reflet (le double) du Plérôme. — À mesure que l'acte de volonté se perpétue, la dissociation s'accentue, la diversité se multiplie, la contingence apparaît, la matière prend corps ; et ainsi l'effluve plérômatique désuni traverse tous les états intangibles et tangibles jusqu'à l'atome parcellaire, jusqu'à l'extrémité de ce que nous appelons la création. Ce mythe d'Athamas trouve sa concordance dans les systèmes cosmogoniques primordiaux. C'est la théorie Kabbaliste de l'involution. C'est surtout le dogme zoharite du dieu blanc, dont le seul aspect compréhensible et visible est le dieu noir, son reflet similaire et inversé. Le dieu noir va se concrétisant jusqu'aux limites de la matière, et constitue le ternaire de la création que la Kabbale a hérité du Zohar[6], et nous enseigne : soit au bas de l'échelle, l'inconsciente matière ; au degré intermédiaire, les êtres doués de facultés volitives ; au degré supérieur, les esprits purs, que la Gnose retient sous le nom d'être interplanétaires. (Ne pas confondre ces interplanétaires, qui sont des effluves du dieu noir, avec les Esprits parfaits du Plérôme.)

Plus haut encore se rattache le mythe gnostique; car, le «dieu blanc», l'unique, n'a point de reflet noir, si on ne suppose ce dieu blanc éclairé par quelque soleil, lequel produit cette ombre visible, mais trompeuse. En vérité, le « Dieu blanc », dont l'*omni-puissance* n'agit pas (dont, tout spécialement, la faculté créatrice ne veut pas créer), est en dehors de la révélation inversée que nous en fait la lumière. Elle est donc dans la nuit. C'est donc qu'elle est la Nuit de Brahma, que la plus antique tradition sacrée nous représente interrompue par des Jours expansifs, et reconstituée par des réintégrations très heureuses, conséquence de la disparition de la lumière, c'est-à-dire de la fin des Jours.

L'apparition du dieu noir appelle le premier terme du Ternaire d'Adam. L'Adam Kadmon, ou Adam universel, se manifeste en fonction négative, en même temps que l'extériorité d'Athamas et que l'ombre du dieu, sorti de la nuit de Brahma. Cette expression — dont la réalisation positive est le but des efforts de tous les êtres volitifs — n'a pas de manifestation objective dans l'Univers Hylique, et il importe de le préciser ici, afin d'éviter les confusions, si faciles et trop fréquentes, qui sont faites entre les trois termes du ternaire adamique. L'Adam Kadmon ou Universel Adam est, au long de toutes les existences, contingentes, une expression négative, et qui fut négative, dès son apparition dans le champ des conceptions humaines. Ce n'est que par la dissociation des éléments qui constituent son reflet, c'est-à-dire par la création, et ensuite par la réintégration réfléchie de toutes les parcelles dans l'unité, que l'Adam Kadmon deviendra positif, c'est-à-dire atteindra à la réalité que prévoit seulement la conception que nous en avons aujourd'hui.

Le deuxième terme du ternaire adamique, Adam terrestre, représente la somme des individualités évoluant sur un monde, le nôtre, par exemple. Il représente une somme idéale, mais dont tous les nombres composants sont des réalités objectives.

Le troisième terme est une positivité tout à fait contingente, c'est l'Adam humain, et il désigne précisément le premier homme qui vécut sur notre planète.

C'est l'Adam universel, sous les espèces de ses sous-multiples, qui est chargé de l'organisation et de l'évolution de l'Univers Hylique, dans un sens de plus en plus harmonique. Le sommet de cette organisation et de cette évolution est l'Éden. C'est l'Adam terrestre qui est chargé de l'évolution normale de notre Univers, grâce à des lois, à des révélations, à des traditions. Le premier état est le Paradis terrestre. Les ouvriers de l'évolution, les auteurs et les conservateurs des moyens de cette évolution sont des hommes prédestinés et privilégiés, des sages, dont l'influence et le règne se sont perpétués dans l'humanité par le mythe des Cycles et de l'Âge d'Or. Nous en verrons le développement dans notre étude du monde social et de la vie individuelle.

Nous venons de déterminer les divers plans de la création, et pour ainsi dire le champ de bataille où, sous la direction de nos volitions, se décident nos destinées évolutives. Ces plans comprennent les deux derniers termes de l'involution du dieu noir, ou, pour parler gnostiquement, de la course d'Athamas. Le dernier plan se termine à la cellule organisée, mais insensible, à la monade, résumé de la matière plastique, en deçà de quoi il n'est plus rien de formel qui soit concevable. Au sortir inférieur de ce plan (monde matériel ou monadique), et, pour employer mêmes les termes dont M. Gustave Le Bon caractérise ses théories, « la matière s'évanouit et se transmue en force » ; autrement dit, la forme disparaît et la matière, perdant sa constitution qualitative, existe hors des limites, et par suite, hors de nos perceptions accoutumées.

Les problèmes physiques que de telles considérations soulèvent sont encore trop loin de leurs solutions pour que nous nous y arrêtions d'une façon fructueuse. Mais il faut faire remarquer combien la voie gnostique ici s'accommode des plus hardies découvertes scientifiques, comme elle les présage et les réclame. On peut inférer de ce que l'on sait que ces forces, qui diffèrent de la matière seulement par leurs qualités extérieures, et par la façon dont elles se présentent à nos perceptions, peuvent être ramenées facilement et employées utilement pour les plans supérieurs et comment leur énergie forme ainsi le circulus de vie, éternel et toujours semblable à lui-même, qu'avaient enseigné les mages et les occultistes des plus anciens temps.

Le plan médiateur, qui est au-dessus du plan matériel et qui est le plan des êtres volitifs, constitue le plan médian de l'univers hylique, le plan des individus, qui est celui où nous nous agitons, et auquel nous consacrons donc une étude et des préoccupations spéciales. C'est le monde humain ou volitif.

Le troisième plan, qui est le plan supérieur de l'univers hylique, comprend les « esprits », et porte le nom de monde pneumatique ou interplanétaire. C'est le monde qui rattache l'univers hylique au Plérôme.

L'ancienne Gnose divisait le monde entre deux hiérarchies, l'hominale et l'angélique, composés chacun de neuf degrés ou Æons (l'æon étant le lieu d'évolution propre à chacun des degrés hiérarchiques). Les deux degrés sont correspondants entre eux dans les deux hiérarchies. Il ne faut pas prendre cette explication au pied de la lettre, en ce sens que ces divisions sont purement conventionnelles, et servent à la clarté de la classification de ces hiérarchies qui s'étendent à l'infini.

Elles rappellent par analogie la pluralité des humanités répandues sur les mondes habités. Car, ici aussi, la théorie gnostique semble avoir prévu les découvertes modernes ; elle admet, en effet, dans sa doctrine, la pluralité des mondes habités (et, par conséquent, la multiplicité des missions salvatrices simultanées). Cette question est ici d'une allure beaucoup plus générale et synthétique que dans les différents dogmatismes scientifiques ou religieux qui l'ont envisagée. En effet, nous considérons ici, non pas la répétition multiple, en des mondes plus ou moins disparates, d'une même humanité, mais bien plusieurs humanités, autant qu'il y a de mondes habités, différentes du nôtre et aussi les unes des autres, et adéquates au lieu de leur habitat.

Nous devons déterminer ici le dogme gnostique dans toute sa précision et dans toute son ampleur.

Déjà, sur notre planète terrestre, nous avons la connaissance scientifique d'êtres vivants, parfaitement dissemblables et doués d'organes pour ainsi dire opposés, et que nous jugeons même monstrueux, suivant qu'ils habitent dans l'air, sous l'eau ou sur la terre. C'est ainsi, par exemple, que les êtres maritimes exclusivement appelés diatomes, qui composent aujourd'hui les masses crayeuses de la Marne et qui vivaient normalement à une profondeur moyenne de 500 mètres dans les eaux primitives, possédaient 200 à 250 bras, sortant des coques par autant d'ouvertures séparées. Les conditions de la vie, et surtout les conditions du « milieu enveloppant », où s'exercent les fonctions de la vie, font aux êtres vivants des organes et des moyens contradictoires. Ce qui est vrai pour une simple différence de densité des milieux, sur un même plan, est bien plus vrai encore (et certainement se vérifiera), quand il s'agit de planètes diverses dans un même système (notre système solaire, par exemple). Les conditions de la vie humaine sur ces mondes ne nous sont point connues ; mais elles engendrent à ces humanités des organes spéciaux et appropriés; elles font de ces êtres vivants des hommes martiens, jupitériens, vénusiens, lunaires, qui ont, avec les hommes terrestres, des parallélismes et des analogies et aussi des divergences et des oppositions qui seront certainement délimitées et déterminées scientifiquement, et sans erreur possible, par les constatations de l'avenir. Ce qui se dit des planètes de notre système solaire se dit également des planètes de tous les autres systèmes solaires ou stellaires de l'univers. Mais, si les habitants des planètes d'un système peuvent et doivent présenter des similitudes, les habitants de divers systèmes doivent présenter entre eux des dissemblances, dissemblances qui vont jusqu'à la contradiction entre elles, au fur et à mesure que ces systèmes sont plus éloignés les uns des autres. Nous connaîtrons tout cela lorsque nous connaîtrons l'économie du firmament, dont nous connaissons seulement, et si mal encore, la description superficielle.

Et nous devons aller plus loin : le monde planétaire solaire, les mondes planétaires stellaires sont habités ; mais l'espace interplanétaire (et il ne nous est pas permis de le nier a priori) est, lui aussi, peuplé par de la vie, et certainement d'une façon tout aussi intense que nos continents et que nos mers terrestres. Si une telle proposition n'est pas acceptée par tous, et n'est pas, depuis longtemps, devenue un axiome, c'est que, avec une naïveté d'esprit très étroite, l'homme ne veut pas comprendre qu'il puisse exister des vies ayant d'autres caractéristiques que celles de la vie qui l'anime lui-même. C'est ainsi que l'on a nié longtemps que telles planètes fussent habitables, parce qu'on n'y pouvait découvrir des traces d'air respirable ; mais il n'est pas nécessaire, pour vivre d'une vie humaine, de respirer un air chimiquement composé comme l'air terrestre. Mais il n'est même pas nécessaire de respirer pour vivre ailleurs que sur la terre. Les humanités qui grouillent jusqu'au plus profond des cieux sont éminemment diverses et propres à toutes les évolutions : il n'y a sans doute pas deux humanités parfaitement semblables ; en tout cas, cette dualité serait tout à fait inutile. Il y a des humanités inférieures et d'autres supérieures à l'humanité terrestre ; il en est qui n'ont point encore de sens ; il en est qui en ont moins que cinq ; il en est qui en ont bien davantage ; il en est qui n'en ont plus, et chez qui ils sont remplacés par d'autres organes.

Répétons que, si l'on connaissait les conditions de l'économie stellaire et interplanétaire, on connaîtrait forcément les conditions de la vie et les organes des êtres qui remplissent les mondes et les espaces. Mais sachons, en tout cas, que c'est la caractéristique d'une étrange folie de nier ce que l'on ignore ; et concevons que toute la logique et toute l'analogie — deux sciences qui jusqu'à présent n'ont pas trompé l'humanité terrestre — nous autorisent et nous engagent à croire à l'universalité de la vie consciente parmi les univers.

On peut, si l'on veut, conclure que ces diverses humanités représentent les hiérarchies gnostiques, hominales et angéliques, qui forment les degrés ascensionnels, se terminant dans le Plérôme. La reconstitution de l'Universel Adam, dans la plénitude de la Vertu et de la Connaissance, ne peut se faire que lorsque toutes les parcelles à réunir auront passé par toutes les conditions de toutes les vies, et acquis à la fois, au frottement de ces conditions multiples et contradictoires, toutes les expériences et tous les mérites.

Ce sont ces passages qui constituent réellement le monde pneumatique. Et l'on voit maintenant, puisque chacun des degrés de ce monde n'est pas seulement une hiérarchie entre vivants individuels, mais est aussi un creuset de perfection vers la vie universelle, on voit comment il serait illogique que les « humanités » ou les « vies » répandues dans les espaces stellaires fussent identiques ou même analogues ; il faut, au contraire, qu'elles se superposent les unes aux autres, qu'elles se sublimisent en s'éloignant du monde hylique, afin d'atteindre, par une progression normale et sans secousse le seuil de la perfection.

Là est tout le mécanisme de l'ascèse, telle que la doctrine gnostique l'enseigne, d'après les principes les plus adéquats à la progression de la Connaissance Totale. Cette échelle de Jacob, développée à travers les espaces et les temps, est une échelle de perfectionnement spécial qui s'accomplit, non seulement par l'ascèse individuelle, mais aussi, et aux plus hauts degrés, par la fusion additionnelle d'individus également perfectionnés, en groupes, lesquels, par cette totalisation, deviennent mécaniquement supérieurs. Et ainsi, avant même la rentrée au Plérôme, l'image de la réintégration existe sur les hauts degrés du lieu pneumatique, par des «sommes» d'êtres contingents et égaux.

En résumé, le principe de vie universelle se révèle et se résout dans l'Adam Kadmôn, dont la réalisation positive se poursuit à travers les humanités. Il faut préciser que nulle part, en cette étude du monde pneumatique, nous ne rencontrons la notion de la mort, non plus que la notion complémentaire, la naissance. Tout ce qui est sujet à la naissance ou soumis à la mort est du domaine individuel ; et c'est là que l'on voit l'influence exacte du Démiurge, et son action sur les contingences.

Aussi bien, dans le ternaire humain, qui est analogique au ternaire divin comme au ternaire adamique, tout élément qui échappe à la mort comme à la naissance appartient à la vie universelle, et constitue, de chaque être vivant, la portion (cachée) de cet Adam Kadmon, qui a été dissocié (*disjecta membra*), dont il faut refaire l'unité, et qu'il faut restituer au Plérôme. Le rôle des sous-multiples objectifs de cet Adam Kadmon non réalisé est de constituer dans l'universel la plus grande somme d'harmonie et d'équilibre ; nous trouvons, dans le rituel gnostique, ce rôle symbolisé par les balances. Les vies individuelles sont les plateaux sujets à l'équilibre ; les conditions de la vie sont les poids qui font l'équilibre ; la vie générale est le point d'appui du fléau, centre des équilibres particuliers. La disparition des conditions d'une vie particulière entraîne la rupture de l'équilibre instable de cette vie : c'est la mort, suivie immédiatement d'une naissance. D'autres conditions d'une autre vie établissent, en mettant d'autres poids dans les plateaux, un équilibre similaire au précédent, et pareillement instable ; et ainsi de suite jusqu'au jour de la réintégration, où l'équilibre définitif se fait, sans le secours d'aucun poids, par la rigidité du fléau et la réunion des plateaux avec le point d'appui, c'est-à-dire par le retour à l'unité.

Mais, tant que cette unité n'est pas reconquise, nous assistons à la diversité des existences, à la dispersion des parcelles de l'Adam Kadmôn, c'est-à-dire à la dissociation (dans la vie universelle) et à la mort (dans la vie individuelle). Car la mort est précisément une dissociation des éléments hétérogènes qui forment le composé humain terrestre, avec attractions de chacun de ces éléments vers son milieu originel.

C'est ce que symbolise le Voile Mortuaire des Associés gnostiques. Car la vie universelle, feu éternel qu'allusionne le Swastika hindou conservé dans la gnose, se nourrit des morts individuelles, dont nous étudierons plus loin le mécanisme, et dont les séries, immédiatement accompagnées d'une série parallèle de naissances, sont, aux yeux humains, les signes des ascèses successives et les jalons posés sur la route du Ciel.

Chapitre III
Le monde individuel et le Démiurge

Nous avons vu que, des trois plans que forme le champ d'évolution de l'« Homme collectif gnostique », le monde pneumatique est le plus élevé ; nous l'avons ainsi étudié ; mais il faut préciser que, si haut qu'il se place, si imposant que soit son rôle de lien entre le Plérôme et les plans inférieurs, il n'en fait pas moins partie de l'Univers Hylique : tout ce qui est de la création est de l'hylique ; et tout objet — matière ou esprit — ne sort de l'hylique que pour se fondre au Plérôme, c'est- à-dire qu'on ne sort de l'hylique qu'à la condition de se défaire de toutes qualités plurales effectives, et d'obtenir la qualité une et essentielle.

Les deux autres plans de l'Univers Hylique sont le plan inférieur — ou matériel — et le plan médian — ou volitif. La vie individuelle agit et se détermine sur ce plan médian. Notons que, pour le métaphysicien, ce plan n'a guère plus d'importance que le plan monadique où git la matière insensible, et a singulièrement moins d'importance que le monde pneumatique, où influent les interplanétaires déjà évolués. Mais rappelons aussi que l'enseignement gnostique ne s'en tient pas à la seule doctrine, et que son but immédiat est un altruisme général ; en ce sens, il est donc juste que nous donnions, à l'étude du plan où nous nous agitons, une importance relative très supérieure à son importance intrinsèque ; nous ne nous attacherons même, en ce plan volitif, qu'aux manifestations involutives ou évolutives de l'Adam terrestre, c'est-à-dire aux volitions de l'humanité terrestre, et à toutes les circonstances qui déterminent et influencent ces volitions. Ainsi nous aurons fait mieux qu'une étude dogmatique ; nous aurons fait une œuvre pratique, à tous instants applicable, où ceux de l'espèce humaine n'auront pas à démêler leur voie, puisqu'elle y sera décrite à l'exclusion de toutes autres. Mais nous répétons que, pour être véridiques, nous devons à chaque instant penser que des manifestations, non pas analogues ou parallèles, mais proportionnelles, existent dans tous les mondes composant l'Univers Hylique, et susceptibles de porter des vies volitives, qui constituent à chacun leur humanité particulière, sous des modes et des formes qui nous sont indéterminés ; et nous devons penser aussi qu'un travail d'évolution individuelle et d'ascèse générale doit s'effectuer avec succès dans tous ces mondes, par des méthodes adéquates aux vies qui s'y agitent, pour que le Plérôme soit réintégré, et pour que l'Unité Bienheureuse soit reconstituée. L'antique formule hindoue : « L'univers ne sera pas sauvé si un seul être n'est pas sauvé » subsiste, dans la Gnose, avec toute sa nécessité philosophique et son ampleur universelle.

Nulle part, avons-nous dit dans notre précédente étude, nulle part dans le monde universel et pneumatique, nous ne rencontrons la notion de la mort, non plus que la notion complémentaire, la naissance. Tout ce qui est sujet à la naissance ou soumis à la mort est du domaine individuel. Les phénomènes de la naissance et de la mort, voilà les caractéristiques de la vie individuelle.

Nous ne rétablirons pas ici le raisonnement métaphysique qui démontre que la naissance et la mort, dans le plan individuel, sont des phénomènes correspondants, et que, considérés hors du plan où ils se produisent, ils sont des phénomènes identiques. Nous précisons seulement que, dans l'Universel, la naissance et la mort qui ne s'appliquent qu'aux individus sont des phénomènes négligeables. En effet, la naissance et la mort n'affectent rien dans l'essence des éléments qui composent l'être humain, éléments de matière, de personnalité, d'esprit ; elles affectent leur réunion momentanée ; c'est cette réunion qui est précisément la vie individuelle ; le premier des phénomènes affermit le composé ; le second le dissocie ; mais tous deux sont sans action sur la quantité, la qualité, et a fortiori sur l'essence de ces éléments. « L'individu » humain est donc constitué d'abord, détruit ensuite, par la naissance et par la mort humaines ; et si l'on conçoit donc que la personnalité ne s'émeuve point de phénomènes qui ne l'affectent point, on sent que l'individu doit attacher une suprême importance à des contingences qui le créent et qui l'annihilent.

Étudions donc ces phénomènes, en sachant que la personnalité ne s'y intéresse point, mais en retenant que l'individu, représentation relative, temporaire et protéique de la personnalité, se sent intimement lié à cette personnalité, dont il est l'effluve tangible. Quelle est la conséquence de cet état vraiment singulier, où l'homme tient à toutes les qualités essentielles de la personnalité, tout en se comprenant seulement un individu, c'est à dire incapable de retenir ces qualités et d'y participer ? C'est que l'individu, obscurément mais invinciblement conscient qu'il est de l'Éternel (dans le sens latin de cette forme de langage), et connaissant à l'expérience de chaque jour qu'il est, en tant qu'individu, inévitablement périssable, crée, dans la contingence qui l'entoure, une série de notions qu'il revêt des caractères qualitatifs de la personnalité éternelle, qu'il s'attache à ces notions, qu'il y plie, et parfois même y martyrise son individu actuel, et qu'il satisfait, dans l'établissement de ses dogmes et de ses lois, la nécessité qu'il a de se savoir immortel.

Donc, dans toutes les manifestations humaines, sociales ou autres, nous retrouvons cette prétention, et ce sera une lumière très vive dont nous éclairerons l'histoire de notre univers particulier, en nous souvenant que toutes les créations de l'homme sont faites par lui dans le but de se perpétuer au delà du terme normal, imposé à l'individu relatif par le développement des contingences.

Ainsi, la première création intellectuelle de l'homme est celle qui est capable de relier son existence actuelle à l'éternité, par l'intermédiaire des existences plus ou moins évoluées à travers lesquelles il doit graviter vers le but terminal. C'est la création de la science, de son avenir et de sa fin, autrement dit, du Dogme religieux essentiel.

La base du Dogme religieux essentiel est la Tradition ; c'est l'héritage de la divine origine, obscurément mais profondément ressentie, héritage normal, à l'influence duquel nous ne pouvons nous soustraire, que certaines races ont conservé longtemps intact et exclusif, que d'autres ont appuyé, renforcé, parfois dénaturé, soit de conceptions spéciales, soit de révélations particulières. Nous distinguons donc immédiatement la religion traditionnelle, demeurée simple, nette, rigoureuse, et d'un caractère général, et les religions révélées, qui en s'adaptant aux tendances des peuples, se recouvrent de symbolismes, de doctrines particulières, de principes soumis aux contingences des lieux et des durées, et s'embarrassent parfois dans les obscurités qu'y introduisit la trop forte et continue participation des hommes. — Hors des anciennes humanités traditionnelles, la Vérité Une n'était, dans les humanités neuves qu'étaient les peuples barbares, l'apanage que d'un petit nombre d'hommes, Sages, Pontifes, Chefs, qui portaient des noms divers, et pour qui la Tradition était simple et familière. Afin de la faire entendre autant que possible aux cerveaux enfantins et grossiers dont ils avaient la charge, ils étaient contraints d'utiliser les Révélations ; ils recouvraient donc la vérité de voiles d'autant plus épais que leurs peuples étaient moins civilisés, et ils créaient ainsi de toutes pièces les symboles et les mythes. Cette création n'allait pas sans une certaine mise en scène apte à capter pour toujours la confiance populaire ; d'où fondation des castes rétribuées. Telle est l'origine des religions révélées. Mais, en même temps, ces Sages se devaient à eux-mêmes de confesser la Vérité immaculée pour le petit nombre de ceux qui pouvaient la regarder en face ; et c'est ainsi que furent fondés les temples et les collèges occultes, qui conservaient, en même temps que la tradition, la direction secrète des nations.

C'est ainsi que, dans les peuples de pasteurs, enfantins et simples comme l'Égypte et la Gaule, les Pharaons et les Druides frappèrent les esprits et établirent le culte populaire des éléments, c'est-à-dire de la personnification des besoins matériels, cependant que les collèges initiatiques, dont sortit Moïse, conservaient intact le dépôt sacré. D'autre part, les chefs des nations mieux assemblées, comme la Grèce et Rome, créèrent le culte des sentiments, c'est-à-dire de la personnification des besoins du cœur ; ici, l'imagination au lieu des sens était frappée. Et là aussi, la parole divine sortait des centres initiatiques jalousement entretenus : les sanctuaires de Diane, de Cérès, en Grèce ; les temples de la Pierre-Noire, en Syrie ; les collèges des vestales et des sibylles, dans l'empire Romain ; les temples d'Alexandrie, etc.

Au contraire, et pendant le même temps, les peuples traditionnels érigeaient le culte des Idées, c'est-à-dire ne s'adressaient qu'à la raison et à la logique des hommes. Sans révélations particulières, ils n'avaient, pour conserver la tradition par une manière plus indélébile et plus sûre que la transmission orale, ils n'avaient point de temples ni de collèges, mais les livres et les savants initiés ; et, en guise de culte, ils créèrent, au-dessus des idéographiques qui servaient de truchements à leurs philosophes, les hiérogrammes, qui furent les premiers et qui sont restés le plus purs pantacles de l'humanité. Ainsi parurent, avec le Tableau du Fleuve, les trigrammes de Fohi, les hexagrammes de

Wenwang, l'Inyang, le Swastika, puis les hiéroglyphes et les cunéiformes. C'est ce qui rattache l'initiation chaldéenne et égyptienne à la source thibétaine. Ces symboles graphiques constituent les premières et les meilleures formes du savoir humain, sous un dehors mathématique et axiomal. Nous y insistons spécialement ; car de même qu'au commencement il y avait de la science traditionnelle et point de mystères, nous voyons qu'aujourd'hui la Gnose, pour qui la Vérité est Une et aussi axiomale, n'admet pas les mystères dont s'entourent les religions révélées, et les explique par les principes scientifiques et métaphysiques primordiaux, dont elle a pieusement conservé le dépôt.

∴

Ainsi l'initiation primordiale fut donnée aux peuples primitifs par un enseignement identique, mais approprié aux races, aux époques et aux latitudes, quant aux symboles et aux livres : ainsi Ram, Fohi, Maneou, Zarathoustra, etc., furent d'abord les hérauts, puis les conservateurs, puis les occulteurs d'une même tradition. Mais comment cette tradition eût-elle été utilisable, c'est-à-dire connue de l'humanité comme un guide toujours impeccable, si elle fût demeurée au fond des temples, dogme technique, abstrait, exclusivement conceptuel, sans applications possibles aux individus et à leurs actions ?

Cette tradition initiatique ne pouvait pas être répandue, c'est-à-dire défigurée, par les collèges occultes qui en avaient la garde ; d'ailleurs cette diffusion sacrilège ne leur eût servi à rien, bien au contraire. Mais elle était utile pour les conquérants, pour les conducteurs de peuples, qui désiraient naturellement tenir leur puissance de plus haut que de leur propre force, et qui désiraient donner à leur commandement l'origine céleste et le sceau divin, que seule la tradition pouvait leur prêter.

C'est ainsi que les législateurs construisirent sur la tradition les lois et les codes, et que, avec toute la prudence et la pureté d'intention des Sept Sages grecs, ces lois et codes ne pouvaient être qu'une déformation de la vérité conservée dans les temples. Ces déformations et imperfections étaient les seuls moyens possibles pour appliquer à l'homme les enseignements pratiques de la perfection ; et, dès lors qu'ils furent tombés dans la contingence et imposés à l'obéissance des foules, les principes sacrés communièrent à toutes les médiocrités des individus.

Il ne pouvait en être autrement. Nous avons vu, en effet, que la caractéristique humainement conceptible de l'imperfection est la limite ; à mesure donc que le général se particularise, et que le particulier s'individualise, l'imperfection apparaît et se multiplie : c'est l'inéluctable conséquence de la « création », conséquence contre laquelle la volonté, aidée du Rayon Céleste, doit réagir victorieusement.

Or la tradition était générale et unique, et parfaite ; les livres et les symboles furent particuliers aux races ; les lois se divisèrent aux nations et jusqu'aux individus, suivant les actes réfléchis qu'elles eurent à provoquer, les actes passionnels qu'elles eurent à réfréner, et aussi suivant les ambitions, forcément intéressées, des conquérants et des juristes qui inspirèrent leurs prescriptions. Ainsi de Thiên à Fohi, de Fohi à Kongfoutzeu, ainsi du Ciel aux Égyptes, et des Égyptes à Moïse, ainsi de Zeus à Thalès, et de Thalès à Solon et Lycurgue, et de ceux-ci aux légistes latins, et au fur et à mesure des diversités, des multiplicités, des précisions, les lois générales défigurées se transmuent en des injonctions péjoratives, où la seule passion parle désormais, et où tout le bon devient médiocre, et où tout le médiocre devient mauvais, et où cependant, par suite de la plus déplorable coutume, ce médiocre et ce mauvais régissent imprescriptiblement la douloureuse humanité.

Nous voyons, pour la première fois, la dégénérescence d'un principe parfait, parce que unique, en une multitude de réglementations médiocres, parce que individuelles ; et nous avons dit l'inévitable de cette déformation. Quelle est donc cette influence mauvaise et déprimante, à qui nul de nos êtres, nulle même de nos pensées ne se peut soustraire ? Cette influence, dans la Gnose, a reçu le nom de « Démiurge », et nous avons, en constatant pour la première fois sa contingente existence, défini sa situation, sa valeur, et sou rôle dans l'évolution humaine. Le Rayon céleste, nous l'avons dit, est emprisonné, dans la matière ; la volonté de l'esprit humain et l'effort divin tentent à l'en faire sortir : cet effort produit un effort de sens contraire, qui est le penchant de la matière à demeurer matière, et la propension des choses involuées à se soustraire à l'évolution ; c'est un effort négatif, en ce sens qu'il n'est point produit par un dynamisme ; c'est un obstacle de fait, semblable à celui qu'opposent, au prisonnier qui agit pour fuir, les murs inertes de sa geôle. Cet obstacle de fait, ce choc en retour de l'effort, ascensionnel, la Gnose les dit l'œuvre du Démiurge, roi du plan individuel, expression concrète de la limite.

Sans y insister, car nous étudierons ces notions en détail en d'autres moments, plus intérieurs, de l'initiation gnostique — nous pouvons établir tout de suite, d'après le point d'appui et le sens des forces que nous rencontrons — l'action du Démiurge, sur trois plans, action analogique aux trois plans gnostiques où se déroule l'évolution : sur le plan inférieur, c'est le Démiurge individuel ou attrait inférieur que chaque homme ressent en lui-même, résumé des passions et des appétits matériels ; sur le plan moyen, est le « *Spiritus mundi* » attrait inverse de la nature que symbolise le Lucifer accroupi au centre de chaque planète ; enfin, sur le plan supérieur, l'organisateur du monde matériel, le Jéhovah, le dieu anthropomorphe, qui pousse à un excès surhumain toutes les passions humaines, ombre monstrueuse que la matière, interceptant le Rayon céleste, prolonge et intervertit dans notre cérébralité dévoyée.

Cette action du Démiurge se retrouve à tous les instants de l'évolution ; c'est contre elle que nous élèvent les enseignements gnostiques. Elle existe partout où existe la limite ; elle diminue à mesure que l'individualité se fond dans la collectivité, pour disparaître entièrement à la fin de l'évolution. Mais de même que l'ombre reproduit grossièrement les contours de l'objet, le Démiurge reproduit grossièrement les formes que notre œuvre prête complaisamment à la divinité : c'est pourquoi telles humanités égarées, soit par leurs propres passions, soit par les chefs et les législateurs qu'elles suivirent, se tournent vers l'œuvre du Démiurge comme elles feraient de l'œuvre divine, et instaurent, sur le plan humain, ce dualisme qui est l'erreur suprême de notre univers, ce culte du Binaire, d'où sortent les problèmes les plus insolubles, les superstitions les plus ridicules et les plus odieuses tyrannies.

Nous ne pouvons pas insister longuement sur la logique historique avec laquelle les déformations, de plus en plus graves, de la Tradition initiatique, se sont installées en directrices de l'humanité, et s'imposèrent aux individus, en dénaturant, dès leur naissance, les cerveaux et les notions. Les premières lois, physiologiques et hygiéniques, furent désintéressées ; plus tard, les lois civiles et criminelles ne furent utiles qu'à une partie de l'humanité, et tout d'abord à cette partie qui les inventa. — Ainsi, la liberté initiale, contrainte par les lois, devint tantôt un droit, tantôt un devoir. Ainsi s'instaurèrent le bien et le mal, notions inventées par les créateurs des droits et des devoirs, et des lois qui les déterminaient ; à côté des lois vinrent les codes, puis les états de légalité et de justice, la jurisprudence et toutes formes judiciaires, amoindrissants du droit initial, et négatifs de la liberté première.

Les lois suscitent le pouvoir, restrictif de la liberté, établi dans le but de prêter la force à la loi, dont la nécessité et la justice essentielle n'étaient point suffisantes pour en assurer l'exécution volontairement consentie. Le pouvoir appelle la contrainte, la violence, le bon plaisir, le « droit du plus fort » et tous les systèmes politiques basés sur la coercition et l'autocratie.

Dès lors, libre carrière est donnée à tous les illogismes et à toutes les dégénérescences. Le pouvoir, qui s'est manifesté, non pas avec justice, mais avec une apparence de justice qui lui sert d'excuse, de palliatif et de bouclier, pour défendre la loi générale, se met au service des fantaisies des individus ; s'appuyant sur ce principe, faux en soi, que la force doit protéger la loi, l'individu qui a la force proclame loi son caprice, et se sert de cette force pour imposer son caprice aux autres individus dénués de force. Ainsi chaque morcellement de la loi générale, c'est-à-dire, chaque addition faite aux législations, correspond à une nouvelle manifestation du pouvoir, de plus en plus arbitraire et restrictive, d'où confusion conséquentielle, et identification de la force et du droit.

Quand les possesseurs du pouvoir ont perdu de vue[z] l'essence divine, dont, en la ravageant, ils firent sortir le Droit humain, ils ne sentent plus que l'avantage matériel de la force, et ils s'en servent pour opprimer ce qui reste de divin dans le droit. Alors s'établissent les sociétés politiques basées sur la contrainte, les autocraties, les monarchies héréditaires dites, par une dérision suprême, de droit divin, ce droit dont elles sont précisément la négation concrète, à tel point que les religions les plus tyranniques et les plus éloignées de la source primitive se refusent au droit héréditaire ou familial, et nomment leur pontife autocrate au suffrage secret : ces régimes amènent avec eux tous les abus du pouvoir sans frein moral et sans contrôle intellectuel : les armées, les guerres, les impôts, les persécutions de tout genre, les inquisitions, les peines corporelles, etc. Et toutes ces créations de la pire médiocrité humaine s'imposent catégoriquement à une espèce, dont les meilleurs cerveaux se dépriment par le nivellement obligatoire au plus bas degré de l'échelle intellectuelle, nivellement où l'hégémonie du plus fort trouve et maintient par les pires méthodes son unique garantie.

Telle est l'organisation du Désordre matériel que l'on appelle l'Ordre social.

Du physique, ce désordre monte à l'intellectuel, et se nomme l'erreur. L'individu crée des masques à la vérité générale ; de faux sacerdotes se substituent aux initiés véritables ; le respect intérieur se traduit en un culte extérieur, une liturgie hylique. Les hiérarchies sacrées se conforment aux hiérarchies profanes, dans leur autocratie, dans leur extérieur, dans leurs passions. La tradition devient une religion, puis se particularise en plusieurs religions ; les religions se matérialisent et, sous l'influence démiurgique, tombent dans la superstition et dans les plus basses pratiques.

Tel est l'état intellectuel et social du plan humain que la Gnose appelle l'Empire du Démiurge, tel que la fait ou, pour mieux dire, la contrefait l'individualisme égoïste de l'espèce.

Or nous sommes dans l'empire du Démiurge ; en ce qui concerne l'humanité terrestre, elle s'y trouve d'autant mieux plongée, que toute l'œuvre postmoïsiaque, ou l'instauration du Jéhovisme juif, n'est autre chose que la glorification du Démiurge, et qu'on a même tenté de rattacher au culte juif le christianisme moderne, ce reflux de l'océan bouddhique sur le rivage occidental.

L'époque et le lieu de notre naissance humaine nous met au milieu de cet état ; loin de nous y conformer et de lui obéir, notre devoir individuel — devoir que la Gnose dès son premier enseignement nous démontre[8] — est de nous perfectionner, et, à travers nous-mêmes, de réformer l'état social actuel de notre univers. La résignation aux revers matériels sera notre premier mérite ; la suppression de tout ce qui est en nous soumis à l'influence démiurgique sera le but de notre continuel effort.

Considérons, d'une façon très résumée, les étapes de ce labeur ascensionnel. Notre perfectibilité individuelle provient de la lumière dont le Rayon Céleste, emprisonné en notre espèce, éclaire notre personnalité; notre volonté de perfectionnement provient de ce Rayon même, qui tend, grâce à nous, à réintégrer son foyer central. En ce qui concerne l'individu, toute ascèse constitue une reprise sur l'empire du Démiurge, car tout perfectionnement — c'est-à-dire toute extinction d'appétits matériels et de passions, correspond à la suppression, par inutilisation, des lois particulières et des pouvoirs qui en protègent les applications, également particulières.

Et, en ce qui concerne la personne métaphysique, la suppression des particularismes et des individualités conduit à la restriction et, peu à peu, à la disparition de la limite, et à la reconstitution de l'Homme gnostique, c'est à dire à la conception, désormais positive, de l'Adam Kadmôn.

C'est de cette façon que le véritable gnostique travaille et aboutit à la destruction de l'univers hylique, et que son labeur est à la fois méritoire pour lui- même, et avantageux à ses sous-multiples, qui en profitent immédiatement. Cet effort est essentiellement positif ; il ne se connaît pas le droit d'opposer une violence à une violence, ni de combattre une négation par une négation. L'empire du Démiurge, falot autant qu'odieux, ne doit succomber que sous ses propres ruines et sous la démonstration de sa vanité ridicule : l'attaquer directement serait lui donner une apparence d'existence, qu'il ne devrait dès lors qu'à nous-mêmes ; et c'est la seule erreur où nous devons nous garder de tomber.

Car, et c'est, en terminant cet exposé du monde démiurgique, une constatation consolante, tout effort est méritoire et bénéfique. Souvenons-nous de notre liberté humaine, afin de faire librement des efforts et de ne pas nous endormir dans l'inertie ou dans le culte extérieur de la contingente nature ; mais sachons que cette liberté humaine n'est pas totale, qu'elle s'arrête aux limites mêmes de cette humanité, de cette vie terrestre, pour laquelle et pendant laquelle elle nous fut concédée ; par ainsi, nos efforts, alors même qu'ils nous semblent n'avoir pas atteint le but et s'être émoussés, inutiles, dans le vide extérieur, nos efforts portent leurs fruits pour nous-mêmes, pour d'autres, pour nos sous-multiples, pour tout ce qui, dans l'humanité, près de l'humanité, ou hors de l'humanité, a besoin d'évoluer.

Il n'y a donc pas d'effort mauvais : l'homme qui cherche ne se trompe jamais ; car il lui suffit de chercher pour avoir le mérite de la découverte. Toutes les révélations, toutes les traditions sont ici d'accord, depuis les mystérieux pantacles de la Chine, jusqu'à cette phrase si méconnue de nos jours, du Christ aux païens, qui demandaient ailleurs un Messie ou un Dieu : « Tu ne me chercherais pas si tu ne m'avais pas trouvé. » L'ignorance, la chute, toutes ces relativités que l'humanité appelle le mal, consistent uniquement dans une négation, c'est-à-dire dans l'inertie. Tout l'effort, de quelque côté qu'il soit tenté, est du positif, et, que nous y pensions directement ou indirectement, ou même point du tout, libère peu à peu le Rayon divin enchaîné dans la matière, volatilise de son ardeur les eaux miroitantes qui inversent l'image de la Vérité, et reconstitue la Cité céleste, qui est la Consciente, Éternelle et Nirvanique Unité.

Chapitre IV
La Voie Rédemptrice

Nous avons vu dans quelle prison de chair l'esprit humain se trouve empêché, et quels obstacles les choses extérieures conjurées, — c'est-à-dire le Démiurge — opposent à son évolution bénéfique. Nous savons déjà que le Rayon Céleste, tel que nous l'avons défini au commencement de ces études, est à la fois la cause seconde et le moyen immédiat de cette évolution. Enfin, nous concevons que la volonté de l'homme est le moteur indispensable à l'individu pour générer, sur le plan où nous sommes, et pour accélérer cette marche ascensionnelle.

Il apparaît donc que la volonté humaine, élément libre de s'employer ou de se refuser à la tâche qui lui est présentée par la raison, influe d'une façon souveraine sur l'évolution. Si donc un homme, doué comme tous les autres de volonté, d'intelligence et de puissance personnelles, néglige de pousser sa volonté et d'en extraire les actes qu'il convient, on pourrait penser que l'évolution s'arrête et s'annihile, et que l'être humain demeure dans une inertie apathique et décisive, dans laquelle il lui est loisible de s'immobiliser définitivement, au grand détriment de ses destins normaux.

Cette considération n'est exacte qu'autant qu'elle ne sort point du plan où elle fut conçue, c'est-à-dire du plan humain. L'homme, en tant qu'homme, ne saurait disposer de mieux et de plus que de son destin hominal, dont il est libre d'arrêter, en effet, la marche individuelle. Mais cet être contingent, doué de vertus et de possibilités contingentes, ne saurait se mouvoir, ou s'arrêter ou s'influencer soi- même en dehors du plan contingent spécial où, pour l'heure, il est placé et exerce ses facultés. Il est déraisonnable de supposer qu'il puisse modifier, a fortiori arrêter la marche éternelle du cycle universel.

Ce cycle universel, dont l'humanité ne constitue qu'une phase, a un mouvement propre, indépendant de notre humanité, de toutes les humanités, de tous les plans, dont il forme la Somme indéfinie. Ce mouvement propre, qu'il tient de l'affinité essentielle du Rayon Céleste vers son origine, l'aiguille invinciblement vers sa Fin, qui est identique à son Commencement, avec une force directrice ascensionnelle et divinement bienfaisante. C'est ce que la Gnose connaît sous le nom de Voie Rédemptrice.

En Gnose, la Voie Rédemptrice se manifeste dans un symbolisme tout à fait complet, et dont toutes les parties sont à retenir. Ce symbolisme forme un triptyque qui sert d'emblème parfait au troisième degré de l'initiation gnostique, degré d'association, où le candidat reçoit le premier baptême. Ce triptyque représente à gauche un navire isolé sur la mer, et du haut du navire, un homme s'élançant dans les flots ; au centre, un dauphin, surgissant à point nommé des eaux pour prendre l'homme sur son dos ; à droite, l'homme sauvé des risques de l'Océan, abordant au rivage, et se reposant sous une tonnelle où s'entrelacent le lierre et la vigne.

Sur l'Océan sentimental, qui est véritablement le centre de ce haut symbolisme, le navire représente le monde moral humain, la particularisation psychique et psychologique des individus. La carène, les mâts, toute la matière de ce navire aveugle, sans gouvernail et sans machines, sont faits des instincts passionnels, des conventions morales, des acquêts traditionnels, des qualités personnelles qui constituent le fonds héréditaire de l'humanité. C'est là la gangue physique, ce sont les impedimenta sensuels dont le Démiurge a recouvert et alourdi l'esprit humain. Ce navire perdu dans l'immensité figure l'isolement de l'être humain, lorsqu'il s'individualise, au milieu de l'esprit universel, qui doit être cependant son normal soutien.

De ce navire, qui ne se dirige point lui-même, dont les œuvres sont mortes, et qui vogue au gré des vents hasardeux et des courants de la mer qui bat et use ses flancs, un homme se précipite dans les flots, qu'aucun rivage ne semble terminer, et sur lesquels n'apparaît aucun auxiliaire sauveur. Retenons cet instinctif mouvement, inexplicable, par quoi l'homme semble se vouer à la perdition — et qui le sauve — et qui, seul, pouvait le sauver. C'est la νστή plongeant dans l'océan sentimental.

Aussitôt après la plongée, le dauphin mythique et légendaire offre au plongeur le tutélaire abri de son dos et le symbolique véhicule de ses puissantes nageoires. Sphinx de l'océan sentimental, il conduit la νστή, qui s'est confiée à lui jusqu'à exposer sa vie individuelle, vers la terre nouvelle. C'est là le secours céleste dont il convient de déterminer l'essence et la cause, et d'apprécier l'action.

Sur cette terre nouvelle, l'homme aborde et se repose sous la tonnelle où le lierre et la vigne marient leur feuillage symbolique. Le régime Noétique de la vigne promet à l'homme régénéré la prospérité spirituelle ; le lierre lui promet l'immortalité et la connaissance intégrale qu'acquérait l'adepte de l'antiquité en sortant du Labyrinthe, que la Tour de lierre terminait et couronnait.

Éclairons maintenant le symbolisme en expliquant les gestes des acteurs de ce drame occulte.

C'est l'individu, dans toutes les conditions et avec toutes les imperfections restrictives de l'individualisme, que représente le navire errant isolé sur l'Océan sans bornes visibles. L'individu a forgé, autour de soi-même, cette sorte de radeau qui le porte, et qui, en le portant, l'isole ; car c'est le propre de l'œuvre démiurgique de présenter sous un vernis d'utilité et de nécessité les pires inventions de la contingence. Certainement, les impedimenta matériels dont l'homme est ainsi entouré sont des obstacles que sa raison conçoit déplorables pour son évolution ; mais, par un mirage des plus dangereux, ces impedimenta constituent, par leur assemblage, le navire sans lequel la sentimentalité personnelle sent qu'elle sombrerait dans l'océan et s'y perdrait. Et c'est là l'explication de l'ardent entêtement avec lequel l'homme s'attache instinctivement aux contingences péjoratives de l'individu, qu'il prend pour des sauvegardes.

Sur le pont du navire, l'esprit humain, la νστή, va de long en large, inquiète de l'Océan qui l'entoure et l'étreint, mais sentant aussi, et profondément, qu'elle se déracine, se décapite et se suicide à demeurer sur le navire qui l'isole et qui, tout en la préservant de la chute immédiate, est incapable, sans direction et sans gouvernail, de la conduire au port souhaité. Bien plus, ce navire ne peut que retarder le mauvais destin, car, secoué par les flots, dévoré peu à peu par l'assaut des lames, il s'en ira pièce par pièce et sombrera au jour dit, emportant dans son désastre, sans profit et sans gloire, son pitoyable passager.

Après ce naufrage, que les destins infligent à l'âme contre sa volonté, naufrage qui représente la mort physique, impatiemment supportée, et par conséquent subie sans mérite, cette νστή, qui n'a pas su se dégager à temps des liens charnels, et qui y a pris un attachement anormal, court aux débris informes et épars du navire qui jadis la porta, et s'y accroche désespérément, tout en reconnaissant l'inutilité de cet effort. Et ainsi, au lieu de se coordonner aux lois évolutives, elle demeure aux « coques » brisées de sa précédente existence, et se présente de la façon la plus médiocre à ses inévitables destins.

Cette pitoyable aventure de la « Course à l'Abîme » autour d'impuissants débris, la νστή peut l'éviter en renonçant délibérément aux avantages factices et aux inconvénients réels de l'individualisme. Mais quelle raison supérieure va pousser l'âme humaine à mépriser ainsi, pour un avenir plus ou moins hasardeux et lointain, ses intérêts apparents les plus immédiats ?

C'est ici que nous retrouvons, mais inversée, l'œuvre du Démiurge, et sa propre punition incluse en germe dans les conséquences de son action maléficiante.

La νστή, entourée des artifices démiurgiques, s'éprend à la contemplation des choses extérieures, des charmes de la nature ; et, sur ce motif inférieur, l'élément contemplatif prend possession d'elle. De la contemplation immédiate des contingences, la νστή remonte à la contemplation et à la recherche des causes médiates, secondes et premières. Or, si la contemplation de la nature n'émeut que sa sensibilité la plus basse, sans la moindre élévation d'idée, les contemplations qui suivent soulèvent des points d'interrogation de plus en plus nombreux à mesure que la contemplation s'approfondit et s'avance, et tous insolubles. Avec toute l'appétence de son état, la ϑϛϡή tend vers la clarté ; il lui faut la résolution des problèmes ; il la lui faut, inévitablement, expressément, et, dans cette ardeur incoercible de la lumière, elle se précipite dans l'Océan inconnu, dont elle ne sait rien, sinon qu'il la lui donnera.

De même, le Démiurge présente à la ϑϛϡή le miroir où elle se reflète, et où, suivant le mythe symbolique de Narcisse, elle adore sa propre image, sous l'impulsion d'un égoïsme paroxysmal. Mais de ce mal sort un bien. Cet égoïsme se transmue en amoureuse appétence de soi-même et aussi de son semblable, ce qui est le premier et le plus bas échelon de l'amour. Cet amour, d'abord unique et sexuel même, se change en amour de l'humanité, qui est l'altruisme (le Christ a dit : « Aimez-vous les uns les autres »), et enfin en amour universel, qui est correspondant à la stase bouddhique (Bouddha a dit : « Que tous les êtres soient heureux. »)

Parvenue à ce degré suprême, la υστή est saisie de l'unique et triomphant désir de communier à l'Universel, et elle tâche à y parvenir en employant le seul moyen qui lui soit présentement offert, c'est-à-dire en opérant volontairement la plongée psychique dans l'océan sentimental, symbole excellent, quoique encore tangible, de l'Infini à quoi tout est destiné.

Qu'est-ce donc que cet océan qui est le centre de tout le symbolisme, et qui figure à la fois le moyen de destruction du navire individuel et le moyen d'évolution de la υστή ?

Toute la vibration matérielle, tout l'ensemble des mouvements physiques et des sensations qu'ils éveillent, constituent l'océan sensuel où bouillonne l'instinct démiurgique. Toute la vibration spirituelle, tout l'ensemble des idées premières et des pensées qu'elles causent constituent l'océan conceptuel où luit le Verbe divin. C'est le plus bas degré, ou l'acte, et le plus haut degré, ou l'essence de l'Amour.

Tout ce qui existe entre ces deux océans constitue l'océan sentimental, c'est-à- dire la mer des perceptions et des sentiments avec tous les effets directs et réflexes, les conséquences immédiates et lointaines, c'est-à-dire le milieu naturel de l'âme et le plan de travail et d'ascèse de l'humanité collective.

La plongée de la νστή dans cet océan est nécessaire ; car, et seulement alors, elle se dépouille de son sentimentalisme particulier, elle abandonne volontairement et pour toujours son domaine individuel, et elle communie au sentiment universel, c'est- à-dire à cette totalité des perceptions hominales qu'elle doit connaître et expérimenter, pour être vraiment l'Âme humaine et se porter vers son évolution².

Par analogie, au moment de la plongée, le corps humain, qui ne tient donc plus à la νστή que par un lien très ténu, très vague, et très propre à être rompu au moment logique où il convient, le corps, à son tour, penche vers l'océan sensuel, qui est au plan inférieur correspondant, et y subit toutes les sensations de la matière. C'est là la symbolique Descente aux Enfers, dont la remontée est si difficile, mais qui, lorsqu'elle est accomplie avec succès, est le commencement de l'ascèse bienfaisante par où l'on sort de la stase humaine.

Ainsi, dans cette plongée, la νστή trouve la connaissance et prend conscience de son ardeur.

Échappée de sa forme et entrée dans la forme totale, la voici prête à se sauver elle-même, et, avec soi, tout l'Univers. Le sacrifice qu'elle fit de son destin égoïste la rend digne d'un destin plus général, la fait capable de résister à la tentation matérielle comme aux influences sentimentales, et appelle invisiblement le moyen de sa délivrance, c'est-à-dire le Sauveur qui la tirera des flots qu'elle a bravés.

Dépersonnalisée par la plongée dans l'océan sentimental, la υστή en sort éclatante et synthétique, comme sortit Aphrodite du sein des eaux. Cette « femme de mer », symbolisme complet de la υστή régénérée, est bien la Marie, image de la perfection féminine, et aussi la Maia, synthèse de l'illusion qu'est tout l'océan sentimental.

Ce principe femelle, exacerbé, purifié par son propre effort, mérite le principe mâle, l'appelle et le nécessite. Le voici venir sous la forme du dauphin, sphinx de la mer, qui, causé par la vaillance et l'émoi de l'Aphrodite, lui prête sa puissance, et forme avec elle le principe double, conscient de soi, à qui la victoire est facile sur toutes les embûches.

Concordant avec la remontée de la mer sentimentale, l'ego spirituel descend vers la νστή régénérée, et, sons cette forme du dauphin, donne la volonté à son ardeur, la puissance à son désir, et la réalisation à son espoir.

L'un et l'autre se dirigent vers le rivage protecteur, y abordent et y trouvent la terre nouvelle et l'image du nouveau ciel vers lequel ils se dirigeront désormais. Sous la tonnelle qu'ombragent le lierre et la vigne, c'est-à-dire vers la tour initiatique qui couronnait le labyrinthe, ils sont désormais libres et capables de préparer leur définitive évolution.

Dans cette tour, le dauphin et la νστή élaboreront leur union et vont la rendre parfaite. Dès lors, ils se mettront en marche vers le sanctuaire, dont ils ont les clefs, grâce à leur unification ; l'être unifié passera ainsi entre les colonnes de la porte dont il sait les noms ; il ouvrira la porte du Temple, et il contemplera, sans la comprendre encore, la Vierge de Lumière, symbole éclatant et inexpliqué de la Divinité.

Il est attiré vers elle par le Rayon divin émané d'elle, et qui, s'individualisant pour lui, au temps où il n'était qu'une âme humaine, lui donna le secours du dauphin. Lien mystérieux et infrangible, ce rayon divin, qui compose l'être et l'amène à la porte du Temple, demeure toujours et quand même partie intégrante de la Vierge de Lumière.

Ainsi, la Vierge de Lumière, qui est tout ce que nous savons présentement de la Divinité, s'irradie dans la spiritualité de tous les êtres, se prête à toutes les âmes, et c'est pourquoi elle est aussi, suivant la vigoureuse expression de l'Aréopagite, qui l'appliquait à Dieu même — la Grande Prostituée. Océan spirituel d'en haut, de tous ses effluves elle dégage les êtres de l'Océan sentimental d'en bas. Elle fait précisément le rôle de la divinité dans toutes les âmes ; et cette prostitution sacrée est vraiment la manifestation féminine du Ciel (Dieu).

Mais, n'oublions point que cette manifestation n'existe qu'après la plongée de la νστή dans l'océan sentimental, et que, par suite, s'il est vrai de dire que Dieu se manifeste fémininement aux plans de l'esprit, il est faux de dire que Dieu se manifeste dans ses œuvres. Il n'y a point de manifestation d'en haut dans les choses de la nature : il n'y a que l'œuvre du Démiurge, œuvre maléfique, mais, grâce au Ciel, œuvre finalement inutile et illusoire.

Chapitre V
L'Étoile Flamboyante

Nous avons vu que, grâce au sacrifice volontaire qu'elle fit de son individualité, et sauvée des flots de l'océan sentimental par le dauphin, la ϋστή humaine a reçu sa récompense, d'abord par son unification avec le rayon attirant et sauveur, et ensuite et surtout par la contemplation, sommaire encore, de la Vierge de Lumière, au fond du temple que la volonté de l'homme nouveau édifie en lui, au moyen de sa réclusion dans la Tour d'ivoire.

Cette contemplation de la Vierge de Lumière, dans l'état présent de l'homme nouveau, ne produit pas l'intelligence, mais le désir et l'attraction vers ce symbole encore inexpliqué de la Divinité. L'homme nouveau sait bien qu'il doit se rapprocher de son objet pour le saisir et pour le comprendre ; et c'est pourquoi un amour profond et presque aveugle encore le porte insensiblement en haut. Mais, et en même temps, l'homme nouveau conçoit en analogie évidente que, s'il a acheté, par le sacrifice de son individualité sentimentale, la seule vision de la

Vierge divine, il doit aussi acheter, par un autre sacrifice, la compréhension de sa vision.

On dit exotériquement que, poussé sûrement par un tel instinct, l'homme nouveau se crucifie à l'exemple de la Vierge de Lumière ; en réalité, le sacrifice est autre, et il consiste en cette ascèse volontaire qui est le renoncement de soi-même, de sa personnalité propre, pour se confondre intimement avec l'objet aimé. Ce renoncement à soi-même est une progression intellectuelle analogue à une crucifixion de l'individu ; et c'est pourquoi, à l'image de cette Vierge lointaine et lumineuse, l'ascèse en question se symbolise par l'inscription de l'homme nouveau dans l'Étoile flamboyante, dans l'Étoile à cinq rais, en mode ascensionnel, qui est à la fois l'image de la lévitation et du crucifiement.

Nous concevons donc ici la nécessité d'une méthode d'ascèse et d'un travail personnel, tandis que, jusqu'à présent, nous ne fûmes, ou que déterminés par des théories abstraites, ou que guidés par des impulsions sentimentales. À cette entrée dans le domaine pratique de la volonté active et consciente correspond le quatrième degré de l'initiation gnostique (STR). Ce degré représente le quaternaire, qui est le nombre de la réalisation. Le quaternaire est une affirmation, le ternaire posé, c'est-à- dire que dans le domaine de la volonté, le quaternaire est une action. Suivant les plans où on la considère, cette affirmation est la chute du divin dans l'humain ; c'est la pollution de Sophia dans et à travers les formes ; c'est le nombre de toute révélation ; mais, grâce à cette chute et à cette révélation, c'est aussi le nombre de l'évolution humaine et de l'ascèse volontaire, sublimation de la personnalité et renoncement de l'individu.

Les symboles, et mieux encore, les hiérogrammes le démontrent ; la trinité Thien-Dia-Nhien de l'Extrême-Orient se résout au tétragramme de Wenwang, qui synthétise la création — ou l'entrée dans le courant des formes. Tous les dieux manifestés sont des quaternaires : ISIS, INRI, et les quatre lettres hébraïques ; le seul hiérogramme ternaire qui n'ait pas de résolution quaternaire est l'hiérogramme de l'inintelligible: AUM. L'ascèse gnostique est en conformité avec la tradition universelle et avec la science sacrée des nombres, et nous sommes ainsi logiquement amenés à donner les méthodes régulières de l'ascèse morale, intellectuelle et spirituelle.

La méthode morale est succincte ; car l'action qui conduit à l'ascèse n'est pas une action matérielle, au contraire ; au moral, il conviendra donc, au contraire, de réduire l'action au strict minimum, et de considérer le non agir physique comme l'idéal moyen du meilleur agir intellectuel et spirituel. La raison corrobore ici la recommandation traditionnelle du taoïsme et de l'Extrême-Orient. Dans le minimum d'action que l'on est contraint, à cause de la condition humaine, de se permettre, il est indispensable de s'en remettre toujours, et avec clarté d'esprit, à la maxime christique : « Fais aux autres ce que tu voudrais que les autres te fissent. » Et cette prescription n'est pas encore tant morale que logique : la réciprocité d'actions analogues compose presque mathématiquement un total indifférent, ce qui se rapproche, en somme, autant que possible de l'inertie physique et de l'immobilité.

Au plan intellectuel, il importe que, pour son ascèse, l'homme nouveau étudie profondément les textes des Livres sacrés primordiaux, en précisant, bien entendu, que cette étude doit comprendre l'esprit et non la lettre, et qu'elle doit, par conséquent, être une œuvre personnelle et non pas un entraînement servile et imitatif dans un sentier battu et suivi de tous. En ces conditions seules, un tel travail sera utile.

Il faut connaître aussi qu'il n'y a pas un livre plutôt recommandé qu'un autre ; ils sont tous des traductions d'une vérité unique, et également profitables ; il est intéressant que l'étudiant commence par le Livre sacré qui est le plus adéquat à son tempérament et à son origine : non seulement l'enseignement gnostique se retrouve en chacun d'eux à dose égale, mais il sera mieux assimilé dans la forme présentée par le livre d'un compatriote ou d'un congénère de race.

Enfin au plan spirituel, la méthode d'ascèse est la méditation, non plus intellectuelle, mais la méditation de désir, la méditation mystique et intuitive. (Nous disons intuitive, parce que cette tâche intuitive est précédée et accompagnée d'une besogne intellectuelle.) Cette Méditation doit se résoudre en une aspiration vers Sophia et une intensité absolue de désir à se confondre en elle. Nous n'avons pas à détailler ici la gymnastique d'une telle méthode ; elle est exposée tout au long dans les écrits et les disciplines des auteurs mystiques ; il convient que ces exercices de tension soient répétés quotidiennement, aux mêmes heures, et aux moments propices, comme spécialement au lever du soleil. — La résolution de cette tension spirituelle est parfaitement indiquée par l'homme gnostique inscrit dans l'Étoile à cinq rais, en formule ascensionnelle, et en figure de lévitation. Mais sachons bien que la lévitation n'est pas du tout un phénomène intrinsèque, ni même la conséquence d'une poussée ou d'un soulèvement par des forces terrestres ou par la volonté même exacerbée de l'intuitif. La lévitation est une conséquence normale, et la plupart du temps inconsciente, de l'aspir spirituel vers Sophia, aspir dont la violence entraîne, en même temps que les facultés spirituelles, les limites grossières dont les facultés sont revêtues dans le composé humain.

Quant aux résultats que produisent ces méthodes d'ascèse, nous ne pouvons mieux les exposer qu'en exposant les résultats analogiques du quaternaire de réalisation alchimique du grand œuvre. Et nous ne faisons pas ici un rapprochement fantaisiste, car tous ceux qui sont curieux de l'alchimie savent que, dans son *Amphitheatrum œternœ sapientiœ*, Khunrath représentait la réalisation du Grand Œuvre par l'homme en période ascensionnelle dans l'Étoile Flamboyante, et que l'acte effectif d'une telle création était précisé par le plus net et le plus matériel des symboles, la puissance génitale de l'homme étant précisément le centre de l'univers alchimique et du cercle idéal où s'inscrit l'Étoile à cinq rais.

Le Grand Œuvre comporte trois opérations sur les trois plans, et il ne peut être parachevé que s'il y a simultanéité d'accomplissement de cette trois fois triple opération (et la gnose possède un symbole parfait de cet état, dans le triple tricérion, qui est un accessoire du rituel pour la réception de l'un des grades suivants).

Sur le plan matériel, l'adepte, alors purement alchimiste, a le pouvoir, au moyen de la poudre de projection, de faire évoluer l'atome métallique jusqu'à son état le plus pur, l'or. Il a également le pouvoir de guérir toutes les maladies par l'épuration de la monade organique, la panacée universelle : et enfin, il peut prolonger la vie au delà des limites habituelles en réfectionnant les forces perdues par l'épuisement de la cellule nerveuse : la longévité, par l'élixir de longue vie et la perpétuelle jeunesse par l'Eau de Jouvence. (Il est nécessaire de remarquer ici qu'il n'est dit par aucun alchimiste que l'élixir de longue vie donnait à l'homme l'immortalité sur terre ; d'ailleurs, son nom seul suffirait à démentir cette assertion que certains profanes ont essayé de faire prendre pour vraie.)

Dans le plan intellectuel, l'Adepte, alors philosophe, sait : 1° discerner la vérité absolue d'entre les vérités relatives et apparentes; par la connaissance de l'ésotérisme, il possédait le vrai (l'or) ; 2° par la pratique de la vertu, il réalisait l'amour dans tous les êtres : le Bien (la santé) ; 3° par l'exaltation de l'esprit en la contemplation des harmonies universelles, il possédait la plénitude du Soi, hors du temps et de l'espace : le Beau (la longévité).

Dans le plan divin, l'Adepte, désormais hiérophante et sacerdote, par la communion en la présence réelle, possédait l'Omniscience, Dieu (le vrai, l'or). Par la communion en l'essence de l'universalité des êtres, il possédait l'Omnijoie, le Fils (le bien, la santé). Par la communion en la totalité des harmonies universelles, ayant pour conséquence la conquête, dès sa vie terrestre, de son Immortalité consciente, il possédait l'Omnigloire, l'Esprit (le beau, la longévité).

Le symbolisme du quatrième grade gnostique côtoie de très près le symbolisme alchimique ; et ce n'est pas un rapprochement fortuit ni superficiel : il y a, entre la Gnose et l'Alchimie, des similitudes et des concordances frappantes, dont nous allons, à titre documentaire, donner l'exemple le plus singulier.

On sait comment les architectes religieux du moyen âge étaient presque tous des initiés gnostiques ; ils en ont donné maintes preuves dans leurs édifices ; or, le rituel des constructeurs de temples — car les corps de métier, et surtout les corps d'ouvriers d'art avaient des règles, des méthodes et des disciplines dont ils ne s'écartaient point — marque que les architectes sacrés entendaient, en édifiant des cathédrales, suivre un symbolisme identique à celui des constructeurs des athanors alchimiques. Chaque élément d'un temple rappelle, en le grandissant, l'analogue élément du fourneau philosophal, pour déterminer finalement que la sublimation du métal et l'ascèse des âmes naissent et se réalisent par un même processus.

L'athanor alchimique se composait des deux tubulures par lesquels on introduisait le charbon : ce sont les deux tours de la cathédrale, dont la vue lointaine et les cloches sonnantes appellent et concentrent la prière et la foi, ces combustibles intellectuels. Le dôme de l'athanor (four à réverbère), sous lequel se posait l'œuf philosophique, est représenté par la coupole du temple, sous le centre de laquelle se tient l'autel du sacrifice et brûle la flamme éternelle de la veilleuse sacrée. Derrière le dôme était la cheminée d'où s'échappaient les produits de la combustion, similaire de la flèche ou du campanile, qui symbolise la montée de la prière vers le ciel. Sur la façade de l'athanor se trouvait le regard circulaire qui permettait à l'alchimiste de voir le développement de son œuvre : ce regard est, dans la cathédrale, représenté par la rosace, rosicrucienne généralement, orientée de telle sorte que, à travers ses découpures et son vitrail, les rayons solaires de midi viennent éclairer l'intérieur du temple et converger sur l'autel ; enfin, sous le regard circulaire, la porte de l'athanor rendait à l'universel les cendres dépouillées de tout principe comburant et vivifiant, de même que, sous la rosace étincelante, la porte de la cathédrale rend à la vie hylique les hommes, vidés de leurs élans de prière et de foi.

Tout le rituel des constructeurs de temple contient des analogies aussi précises ; et nous pourrions ainsi continuer en prenant tour à tour toutes les parties et tous les détails de l'édifice. Les traits principaux que nous venons de résumer suffisent à montrer comment, dans les premiers temps de l'évolution historique, la Gnose, l'Alchimie et le Catholicisme se tenaient étroitement et s'identifiaient presque, pour leur plus grand avantage réciproque.

Quand l'alchimiste est arrivé au bout de sa tâche et au couronnement de son œuvre, et que l'œuf philosophique est soudé, il obtient alors la poudre de projection, grâce à laquelle il peut immédiatement mûrir en or tous les métaux quelconques, sans plus repasser par la moindre des opérations qui lui coûtèrent tant de temps et de soins.

De même, quand le gnostique a accompli son ascèse personnelle, quand il a atteint le but, auquel son étude l'a préparé, et vers lequel la volonté et le désir l'ont poussé, il atteint la connaissance. La marque de cette connaissance est le Chrême Gnostique, qui permet à l'adepte qui l'a en sa possession, non pas de faire évoluer le métal en or, mais, dans un autre plan et par un processus similaire, d'inciter puissamment et savamment autrui à demander et à recevoir la Connaissance. L'onction du chrême construit dans le vieil homme le nouvel homme : c'est la réalisation de la Cité Sainte.

Il paraît utile, après la position du Quaternaire, c'est-à-dire après la première réalisation à laquelle l'homme gnostique ait pu procéder, d'indiquer comment les initiations et les doctrines précédentes, qui forment un tout complet et le premier degré de l'ascèse gnostique, peuvent être, sans déformation, mais avec des ménagements appropriés, communiquées et conférées à la femme. Car la gnose admet tout aussi bien l'initiation masculine que la féminine, puisqu'elle instaure la méthode féminine d'ascèse par le désir, et que le symbole féminin de Sophia la domine tout entière.

Sans rien préciser de ce qui n'appartient qu'au rituel des initiations successives, il semble bon toutefois de déterminer comment la femme évolue par ses moyens, et quel concours elle doit offrir à l'élément masculin dans l'ascèse générale, et comment, enfin et surtout, l'utilisation de la puissance féminine, en certains points et sur tels plans qui conviennent, transformera en une alliée précieuse la Force Adversaire contre laquelle tant d'autres cultes nous mettent naïvement en garde.

La femme ignorante n'est qu'un charme de la nature ; la femme consciente est, en même temps que le moyen de la connaissance, le charme de la vérité. La femme ignorante n'émeut que le plan sensoriel, sur lequel l'homme doit se défier de la femme et la rendre inoffensive ; la femme consciente émeut le plan sentimental, sur lequel l'homme doit s'appuyer par une participation raisonnable.

La volonté féminine ne s'appuie pas sur la logique, mais sur le désir. Celui-ci doit être développé et appliqué sainement, d'après les règles positives (masculines) de l'ascèse.

La volonté masculine s'applique à toutes choses intérieures et extérieures ; la volonté féminine doit s'appliquer exclusivement à l'homme, pour l'exciter vers la vérité et dans le chemin de l'évolution.

La conséquence de cette action influente est que, au lieu de demeurer binaires et de former un dualisme souvent répréhensible, et toujours inutile, le désir de la femme et la volonté de l'homme réalisent l'Androgyne intellectuel.

Donc, dans l'ascèse hors de la limite, le rôle spécial de la femme est d'évoluer la sensation en sentiment.

Tous les phénomènes de la vie individuelle affectent également les deux sexes ; mais, s'il y a parité d'éléments entre l'homme et la femme, il y a différence de situations et de coefficients. Précisons, sans y insister autrement en théorie — (car l'expérience sera ici le meilleur maître) que, dans le travail de l'intellectualité, c'est l'anima qui domine et agit chez la femme, tandis que le spiritus doit dominer et agir chez l'homme. L'anima excite le spiritus, et s'accommode ensuite à lui, qui demeure toujours indépendant et autonome : « *Spiritus flat ubi vult.* »

Toute religion a une part féminine dans la consommation de sa réalisation, depuis l'Aphrodite Ouranienne jusqu'à la Brunhild des Eddas, en passant par Velléda et la nymphe du roi Numa.

Ces réalisations féminines proviennent d'une source métaphysique et symboliquement occulte, qui est Maïa — ou son avers, Kali —. Ainsi, la Gnose doit préparer ses adeptes féminins à la connaissance sommaire et à l'expérience sommaire du rôle de la Sophia.

La femme, historiquement, peut être un instrument dynamique tout-puissant, sous la charge électrique physiologique et psychique des initiés (Types : Sémiramis, Jeanne d'Arc). Elle peut être une influence sur l'homme, en réciprocité bénéfique ou maléfique. (Types : Calypso, Briséis, Égérie, la reine de Scheba, Aspasie.) Elle peut être une force décentrée, si elle prétend agir seule. (Types : Athalie, Frédégonde, Elisabeth, Catherine II.)

Quant à la femme, en son privé, elle a un rôle conciliateur et consolateur vis-à- vis du travail nécessaire, un devoir de respect devant la science, d'enthousiasme devant la beauté, de réconfort vis-à-vis des intellectuels, de solidarité vis-à-vis de la souffrance, et d'amour vis-à-vis de la vie, car elle est le sexe qui donne la vie au milieu de la souffrance.

La réalisation, pour l'âme féminine, n'est pas seulement une réalisation personnelle: elle ne doit pas s'objectiver en vue d'elle-même. Elle a un but éminemment altruiste ; elle ne doit donc pas tant s'effectuer au moyen de la volonté qu'au moyen du désir. Outre son ascèse individuelle, qui doit être également surveillée, la femme doit mettre au premier plan le devoir que Péladan appelle le Sororal ; c'est dire que la femme doit connaître et se souvenir toujours qu'elle est surtout un des moyens de l'ascèse masculine[10].

Conséquence : l'ascèse féminine est à la fois supérieure et inférieure à l'ascèse masculine : supérieure, en ce qu'elle la provoque ; inférieure, en ce qu'elle ne dispose plus, pour elle-même, des forces dont elle a disposé pour l'homme. Ce rôle intellectuel d'excitation doit être mis en pleine lumière ; sa beauté doit être opposée avec éclat à la médiocrité du rôle analogue sentimental et à la méchanceté du rôle analogue physique.

La conjonction du désir féminin avec la volonté mâle doit toujours avoir lieu dans le même sens des forces, afin d'obtenir une somme. Or cela ne peut avoir lieu hors du plan intellectuel ; car le plan sentimental ne tient pas compte de la volonté, et ainsi les deux forces peuvent bien concomiter, mais ne s'additionnent pas ; et, dans le plan physique, où le désir supplée à la volonté, les deux forces s'antagonisent, et il y a, dès lors, non pas une *somme*, mais une *différence*.

D'ailleurs, le devoir d'association féminine ne s'exerce pas spécialement vis-à-vis d'un homme, mais vis-à-vis de l'Homme Gnostique. Et ici, l'idéal est la Sophia, mais la Sophia terrestre, polluée par le courant des formes. Mais, pour comprendre toute la profondeur de ce dogme, il faut préciser fortement les différences des plans humains et creuser entre les plans intellectuel, sentimental, physique, d'infranchissables fossés.

On peut résumer l'influence féminine gnostique en trois principes :

Au physique, abstention de l'amour ;

Au sentimental, prudence du désir ;

À l'intellectuel, totalité du dévouement.

DÉCLARATION ET STATUTS DE L'ÉGLISE GNOSTIQUE

Conformément à la loi du 9 décembre 1905, et dans les délais fixés par cette loi, déclaration a été faite, entre les mains de M. le Préfet de la Seine, de notre Association cultuelle sous le nom de ÉGLISE GNOSTIQUE DE FRANCE.

Reçu nous a été délivré de ladite déclaration, à la date du 7 décembre 1906, sous le numéro 152.405.

Insertion de la déclaration a été faite dans les colonnes du Journal officiel du 31 décembre 1906.

Enfin, deux exemplaires des Statuts de notre Association, ainsi que la liste des 25 personnes chargées de la direction de l'Association ont été joints à notre déclaration.

Suit la teneur desdits Statuts.

I. — Le gnosticisme est une doctrine philosophique et traditionnelle. Il a pour but de restituer l'unité primitive religieuse.

II. — Le gnosticisme ne s'impose aux consciences ni par la violence ni par la menace de châtiments après la mort.

III. — Il professe, conformément à son titre, que la religion véritable est la Science Intégrale ; de ce fait, son enseignement comporte une doctrine évolutive, qui s'ouvre toujours aux progrès successifs et indéfinis de l'intelligence humaine.

IV. — Il est accessible à tous les hommes, sans distinction de nationalité, de langues ou de races.

V. — On est admis à la plénitude de la connaissance des vérités gnostiques par des grades successifs qui ne sont conférés qu'au mérite et à la valeur intellectuelle des aspirants.

VI. — Les cérémonies gnostiques, les dogmes, les rites sont expressément respectueux des lois de la République.

VII. — L'Église gnostique de France est sous la haute direction d'un patriarche, qui a Paris pour résidence épiscopale et qui s'intitule évêque de Montségur, en souvenir du massacre des derniers Albigeois. Mais ces titres ne confèrent au chef de l'Église aucune suprématie dogmatique. Il est simplement *primus inter pares* et il ne peut prendre aucune décision importante sans l'approbation du Saint-Synode.

VIII. — Le Saint-Synode est composé des évêques gnostiques de France.

IX. — La caractéristique de l'Église gnostique est de représenter et de restituer l'ancienne Église chrétienne, démocratique et égalitaire.

Suivent les 25 signatures.

LES CORRESPONDANCES

Notes documentaires par SYNÉSIUS
Patriarche de l'Église Gnostique de France.

Le reproche que les théologiens catholiques et protestants ont coutume d'adresser à la Gnose, c'est de n'avoir aucune orientation fixe, de manquer absolument d'unité. Autant de groupes gnostiques, dit-on, autant de doctrines.

A priori, ce reproche paraît reposer sur quelque fondement, mais il ne résiste pas à une sérieuse exégèse.

Tout d'abord, se place une question préjudicielle. L'Église romaine s'est donné la mission de prouver à l'univers qu'elle seule était une et indivisible, et, pour arriver à ces fins, elle n'a reculé devant aucun moyen.

Elle commença par faire disparaître la plupart des écrits gnostiques. L'incendie de la bibliothèque d'Alexandrie, allumé par l'empereur Théodose, fit le gros de la besogne. D'autres fanatiques l'achevèrent. Restaient les enseignements oraux, la tradition. Pour en avoir raison, il fallut ruser. On rusa.

Les Pères de l'Église recueillirent ces enseignements, les dénaturèrent, les torturèrent de mille façons, prenant systématiquement au sens propre ce que les gnostiques avaient dit au sens figuré, enchevêtrant leurs citations de gloses obscures, d'interprétations fantaisistes. Saint Épiphane et saint Irénée lui-même vont jusqu'à imaginer des sectes, jusqu'à prendre des noms de grades initiatiques pour des groupes confessionnels, aux fins de multiplier les divisions et de prouver par ainsi combien la gnose était loin de l'unité catholique. Ce point sera établi nettement, par des exemples, dans les lignes qui vont suivre.

Il y a plus : plusieurs écrivains chrétiens — comme le fait observer Proudhon — tels que Rodon, Candide, Appion, Héracléon, Maxime, Arabien, ayant écrit sur divers sujets contre les hérétiques, on a détruit leurs livres. Il est à présumer que l'Église ne redoutait pas moins la bonne foi avec laquelle ces écrivains combattaient les hérésies que les hérésies elles-mêmes.

Notre tâche n'a d'autre but que d'établir :

1° Qu'il y a une unité gnostique ;

2° Que les enseignements qui précèdent contiennent l'essence de la pensée gnostique.

Cette double question se trouvera *ipso facto* nettement solutionnée et tranchée d'un coup, lorsque nous aurons montré la parfaite concordance qui existe entre lesdits enseignements et les doctrines des gnostiques primitifs. Il résultera de toute évidence qu'il y a communauté d'orientation entre eux, et que nous n'apportons point nous- mêmes une Gnose nouvelle.

Cette unité de doctrine chez nos vieux apôtres est tellement puissante, tellement indéniable, qu'on la retrouve, sans trop d'efforts, sous les mixtures et les sophistications des Pères. Ils ont pu altérer la vérité ; ils ne l'ont pas détruite.

Pour rendre notre travail plus profitable, nous allons suivre méthodiquement les cinq chapitres qui constituent ce traité.

Chapitre I
Les Ténèbres Extérieures

Notre doctrine du Rayon Céleste se retrouve nettement dans le système de Saturnin. D'après ce gnostique, l'homme fut créé rampant, mais le Verbe le releva an lui versant un Rayon divin.

Ce Rayon est appelé à se dégager des ombres de la matière. Il redeviendra pur et éclatant pour retourner au foyer suprême.

(Cf. Vacherot.)

Simon le Mage, que M. de Potter considère comme le fondateur de la Gnose chrétienne, est certainement de tous nos anciens docteurs celui dont la mauvaise foi romaine a le plus dénaturé les enseignements et l'histoire. Les Pères ne manquent aucune occasion de lui jeter son Hélène à la tête, qui serait, d'après eux, une prostituée de Tyr, qu'il aurait fait passer pour la manifestation vivante du Saint- Esprit.

Beausobre a fait justice de ce mensonge : « Je ne sais pas si Simon menait avec lui quelque prétendue prophétesse nommée Hélène ; mais ce que je veux montrer, c'est que l'Hélène, pour le salut de laquelle il avait été envoyé, n'est autre que l'Âme raisonnable, laquelle est dispersée dans les corps. » Cette âme raisonnable, n'est-ce pas là encore l'âme humaine éclairée par le Rayon céleste ?

Nous reviendrons plus loin sur cette histoire de Simon et d'Hélène, à propos de la Vierge de Lumière.

———

Valentin n'admet pas plus que nous le Dieu créateur. Il n'admet pas davantage la chute historique, je veux dire la catabole de l'Éden ; mais il reconnaît avec nous que l'homme se trouve dans un état d'infériorité qui nécessite son relèvement, qu'il a besoin d'une rédemption.

(Cf. Amelineau, thèse sur le Gnosticisme.)

Dans Valentin, nous retrouvons exactement notre ternaire humain, à savoir : un principe hylique, un principe psychique et un principe pneumatique, autrement dit, matière, sentiment, intelligence,

Valentin déclare que notre âme est saturée d'esprits impurs. Ne reconnaissons- nous pas ici cet attract inférieur au service des œuvres du Démiurge, dont nous avons parlé ?

Valentin a été combattu très vivement par Tertullien et par saint Chrysostôme. Ce dernier lui attribue toutes sortes d'abominations. Nous savons ce qu'il faut penser de tels dires.

———

Notre grand Ternaire divin se dégage assez aisément des diverses éonologies de Valentin, de Simon, des Ophites et de Basilide. Chez ce dernier, il s'affirme avec une particulière netteté. Basilide pose en effet l'Un qui n'est point né, l'INNATUS, auquel il donne pour parhèdre l'Un qui n'est rien ou le Néant qui existe. Est-ce autre chose que notre ÊTRE—NON-ÊTRE ? À ce double principe, il ajoute celui de la filiité, principe qui facilement s'identifie à notre ensemble des possibilités où l'Être et le Non-Être se conjuguent.

Valentin établit une première syzygie : Bythos et Sigé. Qu'est-ce que ce Bythos (l'Abîme), sinon l'Être en ses insondables profondeurs ? Qu'est-ce que Sigé (le Silence), sinon le Non-Être, l'Être qui ne s'affirme pas, qui demeure silencieux ?

Les Ophites parlent aussi du grand Abîme, mais sans préciser qu'il a pour parhèdre Sigé. Toutefois, ils y ajoutent l'Eau Sombre, où nous retrouvons sans peine notre Grande Vacuité, notre Kénôme Plérôme.

(Cf. Dœllinger, Origines du Christianisme.)

Chez Simon, on retrouve également le Ternaire initial : Bythos, Sigé, Pleroma.

Tranchons, avant d'aller plus loin, cette question de Éons, qui est la pierre d'achoppement où se sont brisées jusqu'ici toutes les tentatives d'unification de doctrine, à la grande joie de nos adversaires. Valentin annonce trente-trois Éons, Basilide, trois cent soixante-cinq, Manichée, surenchérissant, les déclare innombrables. Qui a raison ?

D'abord, que faut-il entendre ici par le mot éons ? Attributs divins, purement et simplement. Cela posé, la nomenclature de Valentin et celle de Basilide se concilient parfaitement avec l'affirmation de Manichée. Valentin donne un chiffre symbolique, correspondant aux 33 ans que Jésus vécut sur la terre, chiffre qui représente, non point une valeur numérique, mais un total imprécis, le total des attributs divins. Basilide, esprit plus mathématique, donne un chiffre cyclique, 365, le nombre des jours contenus dans l'année, voulant montrer ainsi que l'ensemble des attributs de la Divinité forme un tout parfait, un concept clos, auquel il n'y a rien à ajouter. Manichée ne dit pas autre chose, et nous pensons comme eux trois.

Chapitre II
La vie universelle
et le monde pneumatique

Basilide admet une réintégration de l'âme à travers tous les royaumes de la nature, et, par suite, une parenté entre toutes les existences terrestres, dit Dœllinger en résumant la doctrine de ce maître. Il nous suffit d'élargir le milieu en supprimant le mot terrestre, et nous avons notre Adam Kadmôn, aux membres dissociés, épars dans l'Hylé.

(Cf. Eusèbe.)

Les Valentiniens en général admettent un Éon du nom d'Anthropos, l'Homme Primordial, l'Homme par excellence, engendré par Logos et Zoé (le Verbe et la Vie), conception très voisine de notre Homme universel.

Valentin, personnellement, pose, comme Platon, que tous les êtres ont leurs archétypes dans l'entendement divin. N'est-ce pas dire que l'archétype Homme, autrement dit l'Adam Kadmôn, s'y trouve aussi ? Et alors c'est bien l'expression négative dont nous parlons, négative en ce sens qu'elle ne s'applique qu'à une réalisation future, la réalisation de l'idée contenue dans la pensée divine.

―――――

Nos trois plans, pneumatique, volitif et matériel se trouvent, en fait, clairement posés dans le système de Valentin, puisque, comme Dœllinger l'indique en s'inspirant des données les plus certaines, notre grand apôtre admettait : 1° des natures pneumatiques alliées au Plérôme ; 2° des natures psychiques déjà plus affectées par la matière et, dès lors, susceptibles d'être dirigées vers le mal comme vers le bien, et 3° des natures hyliques, entièrement livrées à la domination de la matière, aux instincts et aux passions aveugles.

(Orig. Christ., Dœllinger, trad. de Léon Boré.)

Nous disons, en terminant ce chapitre II, que la vie universelle allusionnée par le swastika est un feu éternel. C'est exactement la pensée de Simon le Mage, qui affirme que le Feu est l'origine de toute chose. Il remarque qu'en grec, l'action génératrice s'exprime par le verbe πσροῦσθαι, de πῦρ, feu.

(Cf. la thèse d'Amelineau. Cf. également :
Irénée, Épiphane, Théodoret.)

Chapitre III
Le monde individuel et le Démiurge

Valentin dit bien que les pneumatiques seuls rentreront dans le Plérôme — ce qui est a priori en contradiction avec notre doctrine du salut universel — mais il ne parle nullement de châtiments éternels. Les Hyliques seront dissociés, anéantis, sans doute ; mais nous croyons voir dans cette dissolution une hyperbole orientale, analogues à celles, si fréquentes, des Évangiles. Valentin ne veut-il pas dire, en excluant du Plérôme et Psychiques et Hyliques, que la vie intellectuelle, dont les Pneumatiques sont le type, seule y sera admise, tandis que la vie sensible (l'élément psychique) et la vie matérielle (l'élément hylique) en seront à tout jamais bannies ?

N'oublions pas d'ailleurs, n'oublions jamais que nous n'avons de la pensée de Valentin que ce que les Pères ont bien voulu nous en donner.

––––––

Dans Valentin, le Démiurge est l'ordonnateur de tout ce qui est hors du Plérôme. Il représente la résistance de l'action hylique contre l'action divine. Sans doute, il apparaît comme une personnalité réelle, une sorte d'Anti-Dieu, ainsi qu'on l'a dit. Mais il ne faut pas perdre de vue que, chez la plupart de nos apôtres, surtout chez ceux qui touchent à l'Orient, la doctrine se présente sous la forme allégorique. L'allégorie fut toujours chère à la spéculation alexandrine, comme le fait observer M. Guignebert dans son remarquable ouvrage sur le Christianisme primitif. De son système, Valentin fait une véritable action dramatique, une sorte de roman très mouvementé, qui pourrait s'appeler les Aventures de Sophia. Justin, Irénée et Tertullien nous en ont conservé le scénario. On le connaît. Résumons-le.

Avant tout, il y a Bythos et Sigé, d'où émane un second couple, Nous et Aléthéia (l'Esprit et la Vérité), qui eux-mêmes donnent naissance à Logos et à Zoé (le Verbe et la Vie), qui produisent à leur tour Anthropos et Ecclesia (l'Homme et l'Assemblée), et ainsi de suite. Le dernier éon de la série, le 30e, est Sophia, qui a reçu pour conjoint Téléthos. Sophia, éprise d'un amour inconsidéré pour Bythos, et jalouse d'avoir la compréhension de la grandeur du Père, s'élance vers les hauteurs de l'infini. Mais une chute profonde est la conséquence de cette audacieuse tentative. Son orgueil est sévèrement puni.

Cependant, son ascension a jeté le trouble parmi la hiérarchie des éons. L'harmonie ne peut y être rétablie que par l'émanation d'un nouveau couple, Christos-Pneuma. Quant à Sophia, la voilà involuée dans l'Hylé (Matière). Elle exhale ses douloureuses lamentations, tandis que de son coupable amour naît une seconde Sophia, Sophia-Achamoth, ou Ectroma, ou encore Sophia-Extérieure, être misérable et ténébreux, qui toutefois contient en lui une portion de lumière qui lui est venue de la divine nature de sa mère. Achamoth ne tarde pas à aspirer à une plus grande lumière, et de son Désir naît le Démiurge, qui sera le créateur inconscient et désordonné du monde matériel. De là toutes les horreurs de la création, qui ne saurait être évidemment que l'œuvre d'une puissance en délire.

Mais à l'action de réharmonisation accomplie au sein du monde des éons correspond une action analogue dans le monde inférieur. Christos rend Sophia repentie à sa céleste origine, et elle devient le glorieux intermédiaire qui a pour mission de rattacher les êtres sensibles à l'univers des Éons.

La plupart des Pères qui racontent les aventures de Sophia ajoutent que de ses larmes, provoquées par son bannissement du Plérôme, naquirent les eaux, de sa tristesse, et de sa stupeur les éléments des corps, et de son sourire l'espoir du retour à la lumière. Mais Beausobre croit, non sans raisons, que ce sont là des fables inventées par les Pères.

En écartant les voiles de cette affabulation allégorique, nous y retrouvons sans difficulté les principaux éléments de notre doctrine, à savoir :

1° Involution du Rayon céleste en l'Hylé, symbolisée par la chute de Sophia ;

2° Retour du Rayon céleste dans le Plérôme, représenté par la remontée de Sophia purifiée ;

3° Action de la Vierge de Lumière, signifiée par l'influence bénéfique du Christos sur l'univers démiurgique ;

4° Affirmation de notre principe emprunté à la Table d'Émeraude : « Ce qui est en bas est comme ce qui est en haut » ;

5° Constatation de l'imperfection irréductible de l'œuvre du Démiurge.

––––––

Entre autres textes précieux, un fragment de Valentin qui nous a été conservé prouve que son eschatologie est, au fond, la même que la nôtre. Il a eu l'intuition de cette bienheureuse et nirvanique éternité dont nous parlons à la fin de cette IIIe partie. Mais il faut, ici encore, tenir compte, bien entendu, de l'allégorisme poétique qui, avec lui, ne perd jamais ses droits. Ce fragment le voici :

« Alors, les Pneumatiques, ayant dépouillé l'âme psychique, recevront les anges pour époux, comme leur mère elle-même a reçu un époux. Ils entreront dans la chambre nuptiale qui se trouve dans l'Ogdoade, en présence de l'Esprit, c'est-à-dire de Sophia et de Jésus, qui est appelé Esprit, et ils deviendront des éons intelligents ; ils participeront à des noces spirituelles et éternelles. »

(Extr. d'Amélineau.)

––––––

Tout ce que nous disons du pouvoir, de la violence, du bon plaisir et du droit du plus fort est tout à fait d'accord avec un beau passage de Valentin dont le texte a été sauvé de la destruction :

« Me trouvant en bonnes dispositions, je revins à ma maison. Le lendemain, je veux dire aujourd'hui, en sortant, je vis deux hommes unis par le sang combattre l'un contre l'autre, le glaive à la main ; ils s'accablaient d'injures, s'efforçaient l'un et l'autre de blesser leur adversaire et de le ramener mourant. J'en vis ensuite d'autres qui commettaient des forfaits plus atroces encore : l'un s'acharnait sur un cadavre ; il avait exposé de nouveau au soleil un corps que la terre recouvrait déjà ; il épuisait ses outrages sur cette forme humaine, qui n'était pas différente de la sienne, et finalement, laissait le cadavre devenir la proie des chiens. Alors, tirant son épée, il se précipitait sur un autre de ses semblables. Celui-ci voulait chercher son salut dans la fuite, mais l'autre n'arrêta pas ses poursuites et ne mit pas un terme à sa rage. Qu'ai- je besoin d'ajouter ? Il se précipita sur le malheureux, le frappa aussitôt de son épée ; alors le patient tomba tout à coup à ses genoux et tendit vers lui des mains suppliantes ; il voulait lui donner jusqu'à son vêtement ; il ne lui demandait que d'épargner sa vie. Mais la colère du forcené ne se brisait pas, la pitié ne touchait pas son cœur ; il ne voulait pas se contempler lui-même dans son semblable ; mais, comme une bête cruelle, il apprêtait son glaive pour le dévorer. Bientôt après, un second cadavre s'ajoutait au premier, tant était grande sa fureur. J'avais donc vu là un homme injustement opprimé, un autre homme dépouillant le premier, lui enlevant le dernier de ses vêtements et ne prenant pas même le soin de le couvrir de poussière. À cela vint bientôt s'ajouter un autre spectacle : l'un essayait de tromper l'épouse de son voisin ; il tendait des embûches à des noces étrangères et illicites ; il essayait de faire envahir le lit d'autrui par celui qui était déjà marié, ne voulant pas le laisser devenir père légitimement. Alors, j'en vins à croire à la réalité de ce qu'ont représenté les tragédies ; je fus persuadé qu'elles ne mettent sous les yeux que la réalité. Je crois au désir d'Œnomaüs au milieu de son ivresse ; je ne regarde pas comme une chose incroyable que deux frères aient pu se combattre l'un l'autre. Ensuite, au spectacle de choses si terribles, je demandai quelle en était la cause, quel était le principe de tous ces mouvements humains, quelle puissance soufflait aux hommes de telles actions contre eux-mêmes et quel avait été l'inventeur de tous ces crimes et qui les avait enseignés à l'homme. Et je ne pouvais pas trouver en moi la force de dire que Dieu était l'auteur et le créateur de tous ces maux. »

On voit par la conclusion de ce beau morceau que Valentin n'admet pas plus que nous le Dieu créateur.

———

Le dogme du salut universel est nettement formulé par les Ophites. Ils déclarent en effet que, lorsque tous les germes de lumière du monde inférieur auront été portés par Jésus au Christ et à Sophia dans la région des Éons, alors aura lieu la fin du monde.

(Doctrine ophite résumée par Dœllinger.)

Chapitre IV
La Voie Rédemptrice

Dans le drame de Sophia, dont nous ayons précédemment donné le scénario, se retrouvent les éléments de notre voie rédemptrice. Et qu'on ne s'étonne pas de cette nouvelle interprétations du mythe valentinien. Tous les mythes sont un peu comme ces miroirs à facettes qui présentent telle ou telle image, suivant l'angle sous lequel on les regarde.

Sophia, éperdue, s'élançant au sein de l'océan pléromatique, n'est-ce pas l'image de cette νστή qui veut la résolution des problèmes, et qui demande à grands cris la lumière ?

Mais, de même que Sophia retombe, dépouillée de son orgueil pour bientôt, rachetée et rénovée, devenir la Sophia glorieuse, de même la νστή, dépouillée de son sentimentalisme particulariste, communie, comme nous le disons, au sentiment universel.

Nous enseignons que l'amour unique et sexuel doit se changer, chez le bon gnostique, en amour de l'humanité ; c'est là, en somme, la doctrine exposée dans le Banquet du grand Platon, que nous revendiquons aussi comme l'un des nôtres. « Il faut, dit Alaux, en la résumant dans son histoire de la philosophie, il faut que le cœur opère le mouvement ascensionnel des belles formes aux belles pensées, des belles pensées au Bien et à Dieu, et, comme l'esprit monte les degrés de la connaissance, monte aussi, par une semblable dialectique, les degrés de l'amour. »

Tous nos apôtres semblent être absolument unanimes sur le rôle de la féminéité dans le salut universel. Dans la Gnose de Valentin, aussi bien que dans celle de Basilide et de tant d'autres, le féminin est partout. Chaque éon est conjugué avec un éon féminin. L'Esprit-Saint, le Paraclet, est lui-même une entité féminine. Bouach, le terme hébreu qui le désigne, est du féminin. De là la gracieuse formule Notre-Dame le Saint-Esprit, employée par les vieux Albigeois et rénovée de nos jours par Valentin II.

C'est là un point qui dut, au premier chef, exacerber l'ire des Pères, étant donné leur mépris profond pour tout ce qui touche à la femme. De là toutes les fables invraisemblables dont foisonnent leurs écrits, qu'il s'agisse de

Simon, de Montan ou de Markos : l'Hélène de Simon devient une vulgaire prostituée qu'il traîne avec lui, et qu'il présente à ses disciples comme l'incarnation du Paraclet. Et peu s'en faut qu'ils n'en disent autant de la Marcelline de Valentin, de la Philomène d'Apelles, de la Flora de Ptolémée, de la Quintilla des Caïnites, de la Maximille et de la Priscille de Montan.

Nous avons précédemment relaté une judicieuse réflexion de Beausobre au sujet de l'Hélène de Simon. Mais ici, un éclaircissement plus complet s'impose. Cette Hélène (Séléné, la lune, l'Astre qui luit dans les ténèbres), c'est aussi, c'est surtout notre Vierge de Lumière, « qui s'irradie dans la spiritualité de tous les êtres ». C'est la Grande Prostituée — Simon la nomme lui-même Πορνικός — mais elle est également Προῦνικος la messagère, la vertu divine envoyée du ciel, ainsi qu'il l'ajoute, en vue de préciser son action salvatrice. Mais l'imagination des Épiphane et autres Théodoret n'est jamais à court. Du moment que Simon présentait une Hélène de chair comme une personnification de l'Esprit-Saint, il fallait bien qu'il se fît passer lui-même pour Dieu le Père ! C'est ce qu'il fit, affirment ces Pères[11]. On ne s'explique guère, par parenthèse, comment un homme qui se croit

Dieu offre de l'argent à Képhas pour acheter de lui les dons du Saint-Esprit, ainsi que Tertullien et consorts le racontent. Mais passons.

Dans toute cette bizarre légende, une hypothèse est très vraisemblable. Il se peut bien que Simon ait eu avec lui une compagne de sa mission, et que, dans quelqu'un de ses enseignements, pour donner à ses auditeurs une idée plus nette du rôle de la Volonté et de celui du Désir dans l'ascèse de perfection, ou du rôle du Père et de celui de l'Esprit (Volonté et Amour), dans le Ternaire divin, il se soit comparé lui-même au premier et Hélène au second. Un auditeur stupide aurait transformé la comparaison en affirmation, et aurait porté la chose à quelque Père en quête de racontars calomnieux. De là la légende.

Ajoutons, pour étayer notre précédente explication, que Simon, au dire des Pères, donne également le nom de Barbelo à son Hélène. Or Barbelo est précisément un des noms mystiques qui désignent la Vierge de Lumière. Nous reviendrons sur ce mot dans le chapitre suivant, et nous ferons connaître l'exacte signification qu'il a dans la langue gnostique.

Chapitre V
L'Étoile Flamboyante

Il appert de toute la documentation fournie
par les Pères de l'Église que les femmes ont joué,
dans l'ancienne Gnose, un rôle important, et
que, dans l'ascèse générale, conformément à nos
enseignements actuels, elles ont toujours offert
un concours précieux à l'élément masculin. La
plupart des apôtres gnostiques les associent à
leur apostolat, les emploient comme agents de
propagande et subissent l'influence heureuse de
l'exercice du devoir sororal.

Chez les Markosiens, les femmes remplissent
de hautes fonctions. Markos lui- même a auprès
de lui une prophétesse du nom de Philoména,
dont il suit les inspirations. Cet apôtre, que
saint Irénée donne, avec son aménité
coutumière, comme un précurseur de
l'Antéchrist, dit bien quelque part que la femme
est l'œuvre de Satan, mais ce n'est là, sans doute,
qu'une énergique hyperbole pour désigner la
femme ignorante, dont nous disons nous-
mêmes qu'il faut se défier ; car, pour la femme

d'élection, elle est et demeure, pour lui comme pour nous, la grande initiée.

Chez les Marcionites, les femmes célèbrent la hiérurgie.

Montan a aussi ouvert l'accès des fonctions sacerdotales à l'élément féminin. Priscillien, qui porta la Gnose en Espagne et dont le groupe se rattache directement à l'Albigéisme, paraît également avoir admis les femmes au sacerdoce. Tillemont nous rappelle que le pape Victor fut lui-même séduit par ce que ce bon janséniste appelle les artifices de deux Sophias montanistes.

D'autre part, nous savons, par l'histoire de l'affreuse croisade de Simon de Montfort, de quel puissant dynamisme disposèrent les Esclarmonde de Foix et les Armande de La Motte. Et c'est ici, comme le fait observer Guignebert, que nous trouvons « le thème de toutes les accusations orthodoxes qui s'abattent sur les gnostiques : ils séduisent surtout les femmes, que le mysticisme, même rigoureux dans ses formes, attire toujours ; donc, ils sont corrompus et vivent dans la débauche ».

Nous croyons inutile de rappeler toutes les abominables calomnies inventées par l'imagination en délire des Pères de l'Église. Leur démence est telle qu'ils en arrivent à confondre les grades initiatiques avec les sectes elles-mêmes. Saint Épiphane, et après lui Théodoret parlent d'une secte exécrable (exsecranda) issue de Valentin, qu'ils nomment à la fois les Barbélions, les Naasiniens, les Borboriens, les Stratiotiques et les Phibionites. Or les Barbélions, les Borboriens, les Stratiotiques et les Phibionites sont quatre grades distincts de l'initiation valentinienne. Quant aux Naasiniens on Naaséens, c'est un terme d'origine hébraïque, qui sert parfois à désigner les Ophites.

Quelle olla podrida, ô bon Pères ! Théodoret ajoute : « Quant à leurs mystères, qui peut être assez malheureux pour oser en parler ? Les choses qu'ils font comme actes divins dépassent l'imagination la plus dévergondée. » Et il conclut que c'est pour ce motif qu'on les appelle les Borboriens, du grec βόρβορος, boue, car, de toute évidence, ils s'y vautrent. Pour le mot Phibionite, il exprime, paraît-il, un raffinement de volupté que ni le grec ni le latin n'osent rendre !

Et sur la foi de ces Pères en furie, ces inepties sont reproduites, non seulement par Dœllinger, mais — qui l'eût cru ? — par Proudhon lui-même, et par combien d'autres !

———

Le mot Barbelites signifie fils de Dieu ; c'est pour cela que nous le donnons à ceux de nos frères et de nos sœurs qui sont en possession du Septénaire initiatique. Du groupe valentinien, il passa par la suite aux sacerdotes vaudois, sous la forme Barbe. Le terme Barbelo ou Barbeloth peut ainsi s'appliquer à la Vierge de Lumière, qui est en quelque sorte par excellence la Fille de Dieu, puisqu'elle émane directement de lui, qu'elle est sa pensée vivante.

———

« L'Église cathare, dit Napoléon Peyrat, réservait une haute place à la femme, et souvent la présidente des cours d'amour devenait, en vieillissant, la prêtresse du Paraclet. La femme avait de droit un pontificat naturel dans la religion du Consolateur. »

(Hist. des Albigeois.)